Ich sehe mit Entsetzen
ein Verschwinden von Schönheit in den Menschen
und der Welt, so wie es immer war, wenn
dunkle Zeiten folgten.

1. Auflage

ISBN 978-3-947458-36-3

© 2022 *innerwise* Verlag, Müncheberg

Grafik und Design: MD Burghardt GmbH, Markranstädt

Druck und Bindung: Europrinters, Kehl

www.innerwise.com

Bildnachweis: © MB Burghardt GmbH, © SummerGlow (www.pixabay.com)

INHALT

Seit einiger Zeit breitet sich etwas, das ich als
das **ANDERE** benenne, in den Menschen und
der Gesellschaft aus. Michael Ende nannte in
der Unendlichen Geschichte das NICHTS.

Wie eine Infektion befällt es die Schönen und die
Häßlichen, die Alten und die Jungen, die Lichten
und die Dunklen.

Doch auch die Häuser, Projekte, Teams, Firmen…
**ja, die ganze Gesellschaft
wird verschlungen.**

Es springt von einem zum anderen, wenn wir
uns begegnen, aufeinander einlassen, berühren,
kommunizieren … also immer dann, wenn wir
unsere Höhle verlassen und miteinander etwas tun.

5

Das **ANDERE** hat nur ein Ziel: den eigenen Hunger zu stillen. Und das kann es nur im Außen.

Wie ein Parasit muss es sich vom Lebendigen ernähren.

Die Identität
die Seele
das Wesen
das Selbst
das Eigen

das Zentrum des Seins. Dabei frisst das **ANDERE** nicht irgendetwas, sondern den Wesenskern der Menschen und Dinge:

Um ungesehen zu wildern und sich ausbreiten zu können, erschafft das **ANDERE** eine Parallelrealität zur Realität des Eigen.

Die Realität des Eigen ist die Realität des Lebens und ist bestimmt von der eigenen Seele, dem Sinn, dem Weg, den Herausforderungen, den Irritationen, Stagnationen, dem Lernen, der Auseinandersetzung mit dem Fremden und hat das Ziel des Wachstums und der Entwicklung. Sie basiert auf Individualität und Freiheit.

Die Realität des **ANDEREN** erzeugt Sinnloses, Selbstloses, Freudloses, Untertäniges. Sie basiert auf der Abwesenheit von Individualität und Freiheit. So erschafft das **ANDERE** die Grundlage für dunkle diktatorische Zeiten.

Ist das **ANDERE** erst einmal anwesend, ist es nicht mehr wichtig, ob ein wenig oder viel, denn nun kann es wirken, sich ausbreiten, sich bedienen - wie ein Dieb, der ins Haus eingedrungen ist.

Wenn das **ANDERE** das Individuum ganz aufgefressen hat, gesiegt hat über die Schönheit, ist die Erinnerung an das Eigen verschwunden, der perfekte Untertan geschaffen.

SOMIT GIBT ES NUR **3 ZUSTÄNDE**:

Frei vom ANDEREN.
Betroffen vom ANDEREN.
Selbst zum ANDEREN geworden sein.

Die Machtübernahme des ANDEREN ändert die
Architektur der Matrix unseres Lebens.

Sie erzeugt verschachtelte Blaupausen
und Torsysteme.

Es verzerrt unsere
dimensionale Ordnung.

Es vernichtet die
Individualität.

Das **ANDERE** wandelt die Realität des Eigen -unser Sein- in ein Tor um. Dadurch ist die Realität nicht mehr in sich geschlossen, sondern wird zum Eingangstor in ein Wurmloch, zum Trichter des Saugens. Aus unserer Stabilität wird Bodenlosigkeit, in die wir und und das, was uns umgibt, hineinfallen können.

Doch hier beginnt erst die perfide Raffinesse der Manipulation.

Das **ANDERE** baut ein verschachteltes System von Blaupausen und Toren, indem es von unserer zum Tor mutierten Realität eine Blaupause erschafft.
Und von dieser Blaupause wieder eine Blaupause.
Und von dieser Blaupause wieder eine...
Und von dieser Blaupause wieder ...
Und von dieser Blaupause ...
Und von dieser ...
Und von ...
Und ...
...

Der **Spiegel im Spiegel** - wie es Michael Ende beschrieben hat. Und unter all den Trichtern ist eine Pfütze des Saftes der Schöpfung, der Essenz des Lebens und der Schönheit, die das **ANDERE** sich durch das Blaupausen-Tor-Trichtersystem angeeignet hat.

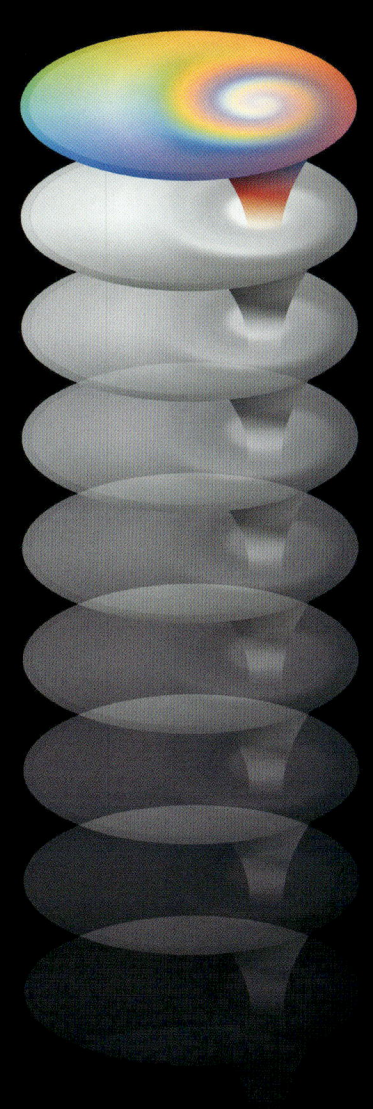
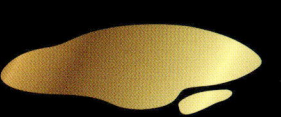

Im Inneren ermöglicht uns das perfekte Zusammenspiel
unserer Organe zu leben. Im Äußeren ist es die perfekte Anordnung
der Dimensionen*, die es uns ermöglicht, zu sein.

So können wir nur dann auf der Erde leben, wenn wir uns in der
perfekten Zone befinden und diese stabil ist - in der richtigen Entfernung vom
heißen Erdkern und dem kalten Himmel, mit atembarer Luft und trinkbarem
Wasser und fruchtbarer Erde.

Für unsere Erde ist die perfekte dimensionale Anordnung die Krümmung der
Raumzeit - einer Schale gleich - und diese erschafft unter anderem die Gravitation.
So benötigt alles Sein eine Ordnung, ein perfektes Miteinander.

Vergleichbar mit einer großen Steinkugel, die sich in einer perfekt ausgearbeiteten
Vertiefung im Stein befindet und fließendes Wasser das Wunder vollbringt,
dass die Kugel sich spielerisch dreht. So ist das eigentliche Wunder des
Lebens die Sinfonie der Dimensionen.

Werden die Dimensionen verzerrt, die perfekte Krümmung zerstört, ist das Leben
kein Wunder mehr, sondern ein Todeskampf. Dann liegt die schwere Kugel
aus Stein unbeweglich still im Fels, dann ist das Leben aus dem Lot
geraten und das Erkannte, Vertraute gilt nicht mehr.

*Burkhard Heim hat die physikalischen Dimensionen bestens beschrieben.

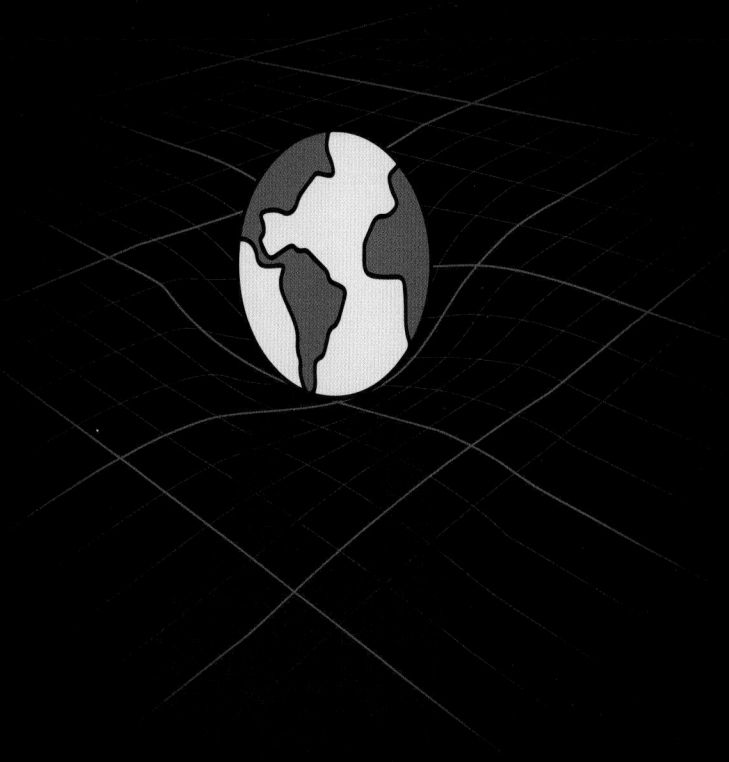

Selbst sein ist der Ausdruck einer Seele, eines Lebensweges, einer Bewusstwerdung, einer eigenen Art zu sehen und zu handeln. Als Selbst sind wir ein Instrument der Schöpfung und diese kann sich in uns erkennen.

Das **ANDERE** zerstört tief.

Es zerstört den Kern unseres Wesens, es zerstört die Seele und damit all ihre möglichen Ausdrücke - alle möglichen Seelenreisen.

Aus würdevollen freien Menschen, selbst denkend, selbst entscheidend, werden so willenlose Untertanen, eine Herde von Vieh, die einen psychisch Kranken zu ihrem Führer krönen wird, um sich ihrer Bestimmung als willenlose Untertanen hinzugeben.

Und wenn eines Tages der Spuk vorbei ist, können sie sich wieder nicht erinnern und waren es nicht gewesen.

Vorbei wird es sein, wie die Geschichte uns lehrt, wenn das **ANDERE** kein Futter mehr findet, verhungert.

Das **ANDERE** ernährt sich von dem Selbst, dem Eigen, dem Licht der Menschen.

Doch das **ANDERE** ernährt sich noch viel lieber von noch viel konzentrierterer Energie: der Genialität, der Schöpferkraft, der Kreativität.

Mensch selbst ist für das **ANDERE** nur eine Vorspeise oder auch leckere Zwischenmahlzeit. Die Hauptspeise ist die durch den Menschen wirkende Schöpferkraft.

Und deshalb befindet sich unter den Blaupausen der Blaupausen die Pfütze der aus dem Menschen ausgequetschten Essenz der Schöpferkraft. Daran hat das **ANDERE** wirklich Interesse.

Doch das **ANDERE** ist in seiner Gier dumm, sehr dumm.
Es ist so dumm wie ein Milchbauer, der alle Kühe aufisst.

In Zeiten der Dunkelheit zerstört das **ANDERE** in seiner Maßlosigkeit
das Schöne, das Selbst in den Menschen, in vielen Menschen,
in fast allen Menschen.

Doch damit gibt es irgendwann nichts mehr zu melken und
dann endet die Dunkelheit, brechen die Diktaturen in sich
zusammen.

So kommt das **ANDERE** in Wellen immer
wieder über die Menschheit hernieder.
Fast jedes Jahrhundert hat es
kennengelernt.

Es gibt Menschen, die meinen wie Maria luftbestäubt worden zu sein und sich über die Entfernung mit sich eigenartig verhaltenden Proteinen vergiftet zu haben, die von Menschen kommen, die sich über eine Nadel etwas einspritzen lassen haben.

Die Jungfräulichkeit der Maria war nur ein Marketingtrick der Kirche, doch die Luftvergiftung mit im Körper eingesperrten Eiweißen ist einfach nur die Unkenntnis des ANDEREN.

Menschen, die nur glauben, was sie anfassen können, müssen sich in ihrer beschränkten Realitäts- wahrnehmung beschränkte Hilfsmodelle der Erklärung schaffen.

Doch wichtig ist nur, dass immer mehr Menschen erkennen, dass in der gesellschaftlichen Propaganda etwas nicht stimmt und sie beginnen Fragen zu stellen.

Im folgenden Buch beschreibe ich einen Weg,
sich vom ANDEREN zu befreien.

Es sind nicht mehr viele Menschen übrig geblieben,
die ganz frei vom Anderen sind. Und auch die schaffen
es nur, weil sie sich immer wieder bewusst dagegen entscheiden.

All denen, die nicht Untertan einer Diktatur werden wollen
und bereit sind, **sich immer wieder zu reflektieren und zu klären**,
ist dieses Buch gewidmet.

I.
DAS
ANDERE
ERKENNEN

Wir finden das **ANDERE** nur, wenn wir gezielt danach suchen. Manchmal gibt unser Gefühl einen Hinweis, doch nicht immer. Und wenn wir selbst betroffen sind, sind unsere Augen oft blind.

2 Grafiken erlauben dir, das **ANDERE** zu identifizieren und die Ausdehnung zu ermitteln.

1

DER SCHWARZE KREIS
DES UNBEWUSSTEN

Der schwarze Kreis repräsentiert
als abstraktes Abbild das gesamte
Unbewusste und damit die Matrix des
Lebens des Individuums. Und weil, das
uns zum größten Teil unbekannt ist,
ist die Grafik im Zentrum schwarz.

Unser Unbewusstes sollte komplett
auf dem Eigen basieren, der eigenen
Identität, dem eigenen Weg, den
eigenen Herausforderungen.

CHECK **EIGEN**

Lasse dir durch deinen Finger anzeigen,
ob das Eigen überall vorhanden ist.
Lege dazu deinen Zeigefinger auf
12 Uhr und bewege ihn 1 cm über
der Grafik mit dem Uhrzeiger durch
den Kreis (damit durch das gesamte
Unbewusste).

Ist alles eigenbasiert, so findet dein
Finger keinen Widerstand und er kann
ungehindert die 12 Uhr erreichen. Ist
das **ANDERE** anwesend, wird dein
Finger vor 12 Uhr einen Widerstand
finden, der die Grenze zwischen Eigen
und das **ANDERE** anzeigt.

CHECK „DAS ANDERE"

Nun die Gegenfrage mit der Bewegung von 12 Uhr gegen den Uhrzeigersinn, wo du das **ANDERE** finden kannst, wenn es da ist. Beim Schnelltest genügt dieser Check und den Check auf Eigen kannst du weglassen.

Wenn das **ANDERE** eingedrungen ist, so können wir es hier finden, denn dann kann sich dein Zeigefinger bei der Frage: Ist Anderes vorhanden? von 12 Uhr gegen die Uhr bewegen.

Lege deinen Finger auf 12 Uhr. Wenn das **ANDERE** nicht anwesend ist, kannst du den Finger keinen Millimeter gegen die Uhr bewegen. Sollte das **ANDERE** anwesend sein, kann dein Finger sich bewegen und so weit, wie das **ANDERE** sich bereits ausgebreitet hat.

Von **12 bis 5 vor 12** - nur ein wenig.

Von **12 bis 9** ist es schon deutlich da.

Von **12 bis 6** Uhr ist die Hälfte schon übernommen.

Von **12 bis 3** Uhr bliebt noch ein Rest Eigen.

Von **12 bis 12** dann gibt es das Eigen nicht mehr und das **ANDERE** hat alles übernommen.

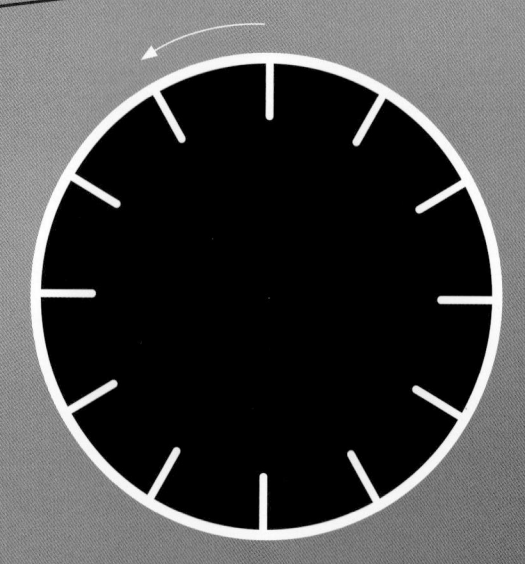

22

2

DIE **ENERGIEPRÄSENZ**

Jedes System und Individuum hat eine spezifische Energiepräsenz, einen energetischen Fingerabdruck, der sich aus der Qualität und Dichte der Energie ergibt. Diesen Fingerabdruck kannst du intuitiv mit Hilfe der Grafik „Energiepräsenz" bestimmen.

**Wir unterscheiden
zwei grundsätzliche Zustände**

A Die positive Energiedichte, die sich aus der Angebundenheit und damit ein Instrument der Schöpfung zu sein ergibt. Die dadurch vorhandene Energie ist freie Energie und Ausdruck der Fülle. Du findest dann den Fingerabdruck oben über der Mittellinie.

B Die negative Energiedichte. Sie ist Folge der Abgetrenntheit und des Versuchs inneren Mangel zu kompensieren. Ihr Ziel ist die Macht. Diese Energie muss bezahlt werden wie in den alten Märchen mit Herz, Zeit, Seele. Du findest dann den Fingerabdruck unten unter der Mittellinie.

Gesunde Individuen und Systeme finden wir mit einer einzigen Präsenz auf der positiven Seite nach oben, kranke hingegen mit einer oder mehreren Präsenzen auf der negativen Seite nach unten.

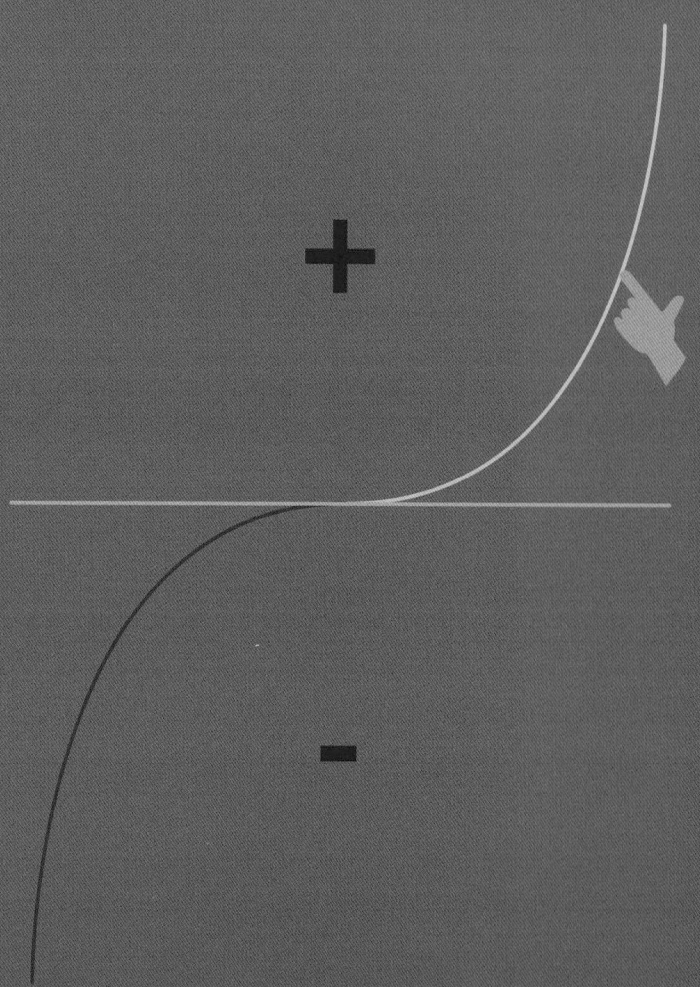

CHECK **DER** **ENERGIEPRÄSENZ**

Fahre mit deinem Finger ca. 1 cm über der Grafik die Kurve von einem Ende zum anderen ab mit der Frage im Kopf, wo sich der energetische Fingerabdruck befindet. Der Finger wird im Plus über der Mittellinie einem Punkt finden oder im Minus unter der Mittellinie einen oder mehrere Punkte, die sich als Widerstand bei der Bewegung zeigen.

Antwortoptionen:

A Kein das **ANDERE** da und gesundes System Ein Punkt im Plus.

B Das **ANDERE** teilweise da. Ein Punkt im Plus, aber schwächer als es früher war. Dazu kannst du dir vorstellen in der Zeit zurückzureisen und dann die Kurve auszulesen. Hinzu kommen ein oder mehrere Punkte im Minus.

C Das **ANDERE** hat zu 100 % übernommen Einen oder mehrere Punkte findest du im Minus.

II.
BASICS

DIE **SEELENREISE**

Da das **ANDERE** das Zentrum, den Kern der Seelenreise zerstört, ist das Verstehen der Reise der Seele die Grundlage, sich wieder vom ANDEREN zu befreien.

STILLE & BELEBUNG

1. Die in Stille seiende Seele wird von der Schöpferkraft - in Form eines göttlichen Torus - zum Leben erweckt.

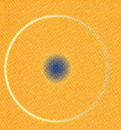

KONZENTRATION

2. Sie erfüllt das Zentrum und drückt sich dann in einer Konzentration aus, wo sie das Programm der Seelenreise erschafft.

ENTSCHEIDUNG

3. Danach entscheidet sie sich für
die konkrete Dualität in Form
einer Drehrichtung.

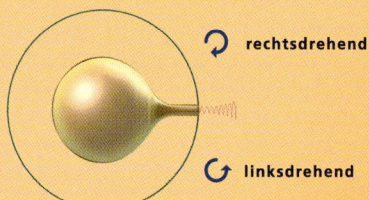

rechtsdrehend

linksdrehend

WEITUNG

4. Diese Drehung wird beschleunigt
und weitet sich.

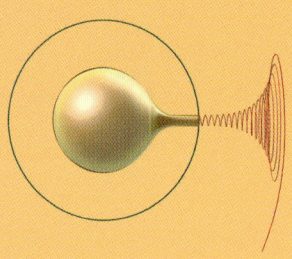

LEBENSRAUM
UND **IM FLEISCHE**

5. Die Weitung wird zu einem
kugelförmigen Lebensraum,
der das Seelenzentrum umhüllt.
So gelangt die Seele über die Kugel
zur Gegenseite der Konzentration
und manifestiert sich dort im
physischen Körper.

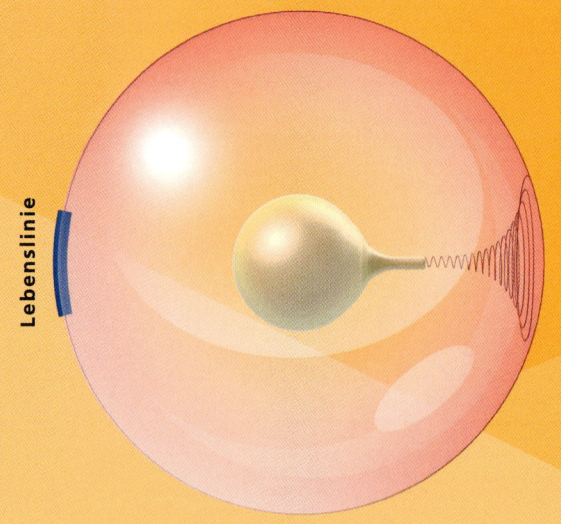

Lebenslinie

ENERGIEFLUSS

6. Vom physischen Körper geht eine energetische Rückverbindung zum Zentrum.

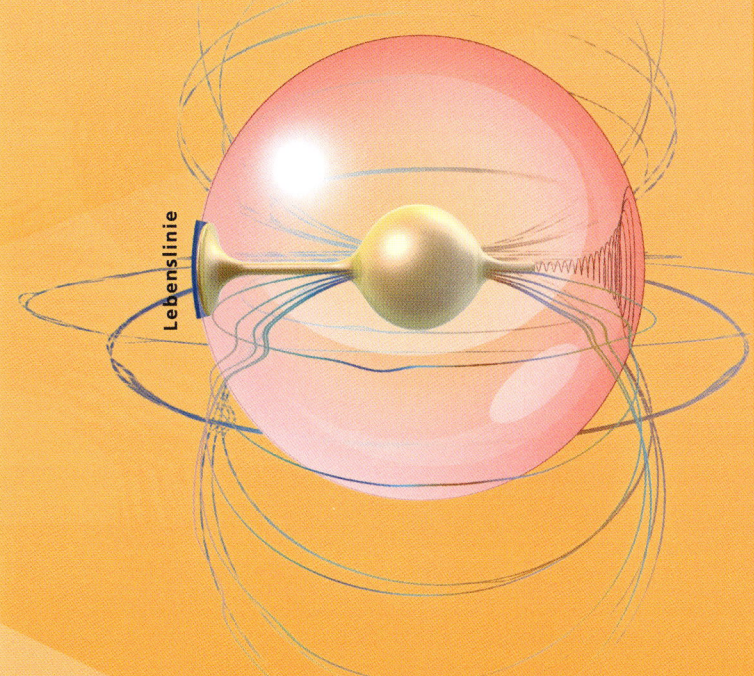

Lebenslinie

DER MENSCHLICHE TORUS

7. So bekommt jede Seelenreise die Form eines Torus, der permanent von Energie durchströmt wird.

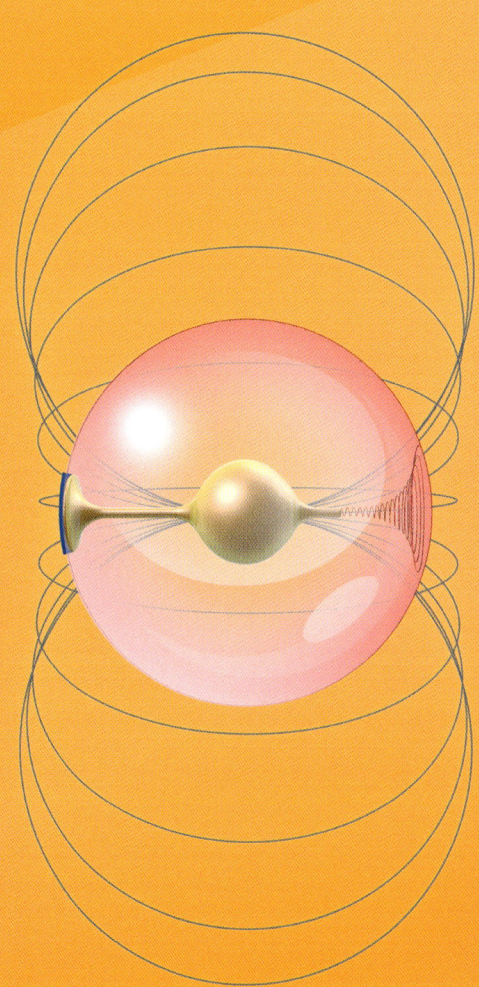

29

MEHRERE
SEELENREISEN

Normalerweise ist der physische Mensch, der vor uns steht, unser Klient - das Objekt der therapeutischen Begierde. Sehr gute Therapeuten beziehen die ganze Seelenreise in ihre Betrachtung mit ein.

Wenn das **ANDERE** am Werk ist, genügt auch das nicht.

Da es das Zentrum der Seelenreise und damit die Grundlage aller Seelenreisen zerstört, müssen wir auch alle möglichen Seelenreisen, die von diesem Zentrum ausgehen können, als unseren Klienten betrachten.

Unsere therapeutischen Möglichkeiten, so gut sie auch sind, können nur in jenen Räumen wirken, in denen sie klingen können. Und klingen können sie nur in den Räumen, die wir betrachten.

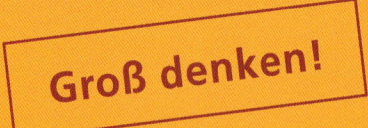

Groß denken!

OUSIA

Das Wort Platons, beschreibt die Seiendheit, ist der Name einer *inner**wise*** Grafik in Form eines liegenden Unendlichkeitssymbols, das auf der rechten Seite ermitteln lässt, welche Subklienten betroffen sind, mit wem man therapeutisch arbeiten muss. Auf der linken Seite ist eine Übersicht über mögliche Kernthemen, an denen man arbeiten muss.

DIE GRAFIK HAT **2 EBENEN** IN SICH:
- ▶ Die Themen auf der liegenden Acht als PRIMÄRE Ebene.
- ▶ Die SEKUNDÄRE Ebene stellt bei einzelnen Themen untergeordnete Räume und Optionen dar.

Mögliche Klienten sind

das Individuum

die Präsenz

die Dimensionen

der Lebensweg

der Lebenssinn

die Autonomie

eingegangene Verschränkungen

die inneren und äußeren Räume

die Verantwortlichkeiten

systemische Einflüsse

Mögliche Kernthemen sind

das geschwächte Eigen

eingedrungenes Fremdes

Falsches

vorhandene Tore, Portale

Fragmentierungen

Verbindung zu Totem

Risse in Feld, Dimensionen und Matrix

Verstecktes

Aus der Anderszeit Kommendes

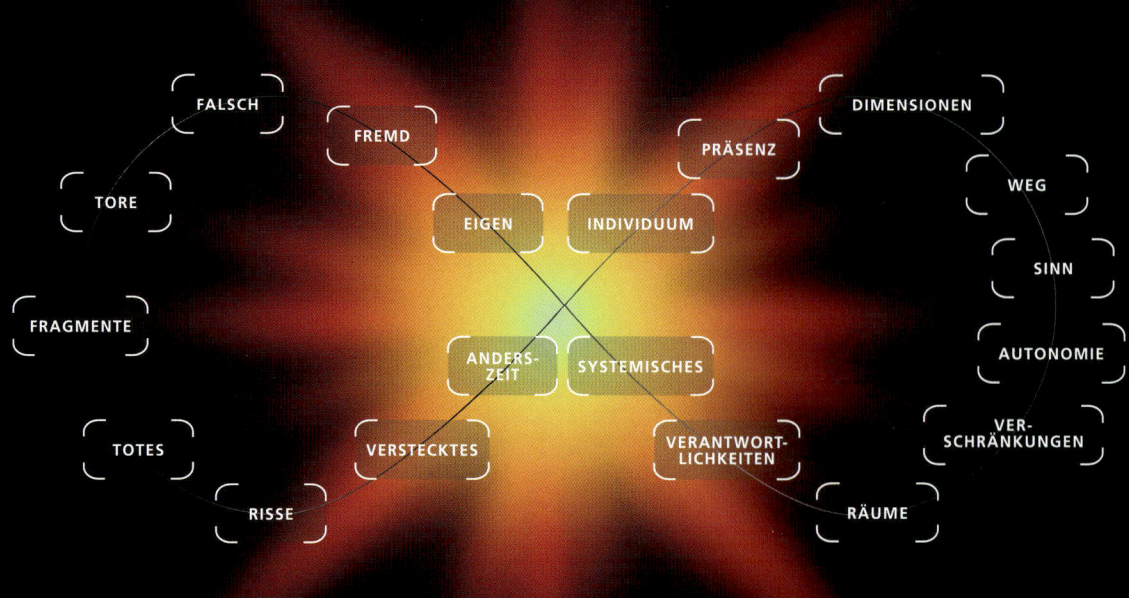

FALSCH

FREMD

DIMENSIONEN

TORE

PRÄSENZ

WEG

EIGEN

INDIVIDUUM

SINN

FRAGMENTE

ANDERS-
ZEIT

SYSTEMISCHES

AUTONOMIE

TOTES

VERSTECKTES

VERANTWORT-
LICHKEITEN

VER-
SCHRÄNKUNGEN

RISSE

RÄUME

KERNTHEMEN

WAS

SUBKLIENTEN

WER

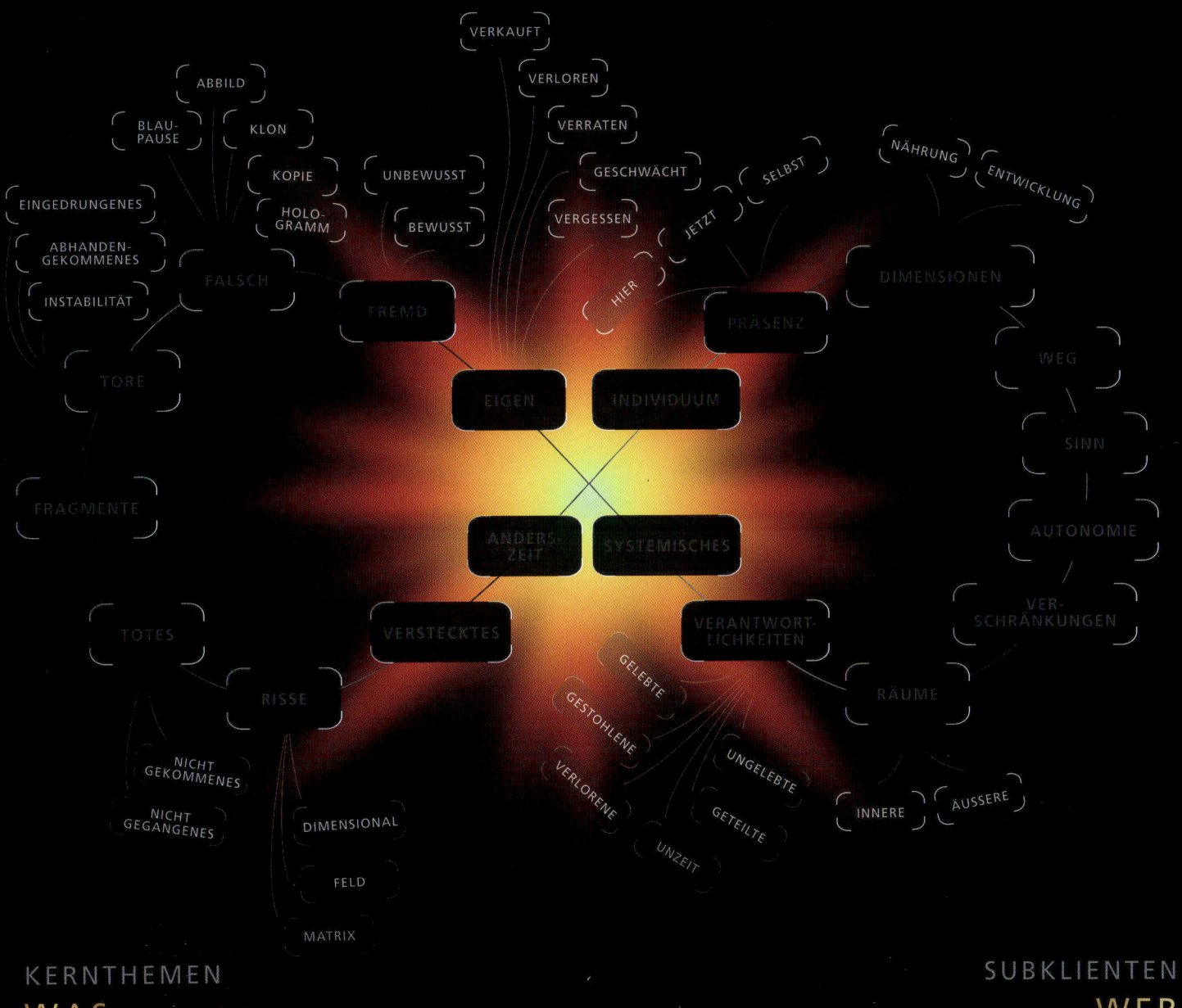

KERNTHEMEN
WAS

SUBKLIENTEN
WER

GLÜCK

Die *innerwise* Grafik „Glück" beschreibt den **Weg ins Glück** als Begegnung des Individuums mit der Schöpfung.

Im Zentrum steht der Mensch, das Individuum. Um uns herum in der 1. Grafik Dimensionen, Wachstumsherausforderungen, die wie Zwiebelschalen angeordnet sind. Außen ist die Schöpfung.

In der 2. Grafik ist der Mensch wieder im Zentrum und die Schöpfung außen. Dazwischen wie nährende Zitzen all die Dimensionen, durch die wir die Geschenke und Näherungen der Schöpfung bekommen können.

In der 3. Grafik sind die Zwischenräume zwischen den nährenden Zitzen golden betont, durch die wir in der Lage sind, die Geschenke annehmend die Schöpfung wieder zu berühren.

Somit entsteht Glück aus drei Begegnungen:

1. Begegnung

Der Mensch muss sich auf den Weg machen durch alle Herausforderungen und Dimensionen und sich mit der Schöpfung rückverbinden, ihr dort begegnen, wo sie in ihrer reinsten Form ist.

2. Begegnung

Die Schöpfung nährt uns über alle Dimensionen mit allem, was wir benötigen. Somit kommt die Schöpfung zu uns.

3. Begegnung

Wir fühlen uns würdig, all die Geschenke und Nährungen der Schöpfung anzunehmen und sind in der Lage uns so auszudehnen, dass wir der Schöpfung wieder begegnen.

DIMENSIONEN ALS RÄUME

DIMENSIONEN ALS NÄHRUNGEN

POTENZIALIDENTIFIKATION

BEWUSSTES
UND **UNBEWUSSTES**

Das Unbewusste ist die Gesamtmenge unseres Seins, unsere Matrix. Und das, was wir davon bereits erkannt haben, nennt man Bewusstes und es ist leider oft nicht größer als 1 % des Unbewussten.

Die **gute Nachricht dabei** ist, dass es noch soooo viel zu entdecken gibt.
Die **bedenkliche Nachricht**, dass eine alleinige Kommunikation mit dem Bewussten nicht nur dumm, sondern auch gefährlich ist, denn es hat fast nichts bei der Erschaffung unserer Realität zu melden.

Wenn du das Leben verstehen willst: Rede mit dem Unbewussten, erforsche es, schaue mit allen Sinnen und Qualitäten in das Unbewusste und schaue aus dem Unbewussten in die Welt.

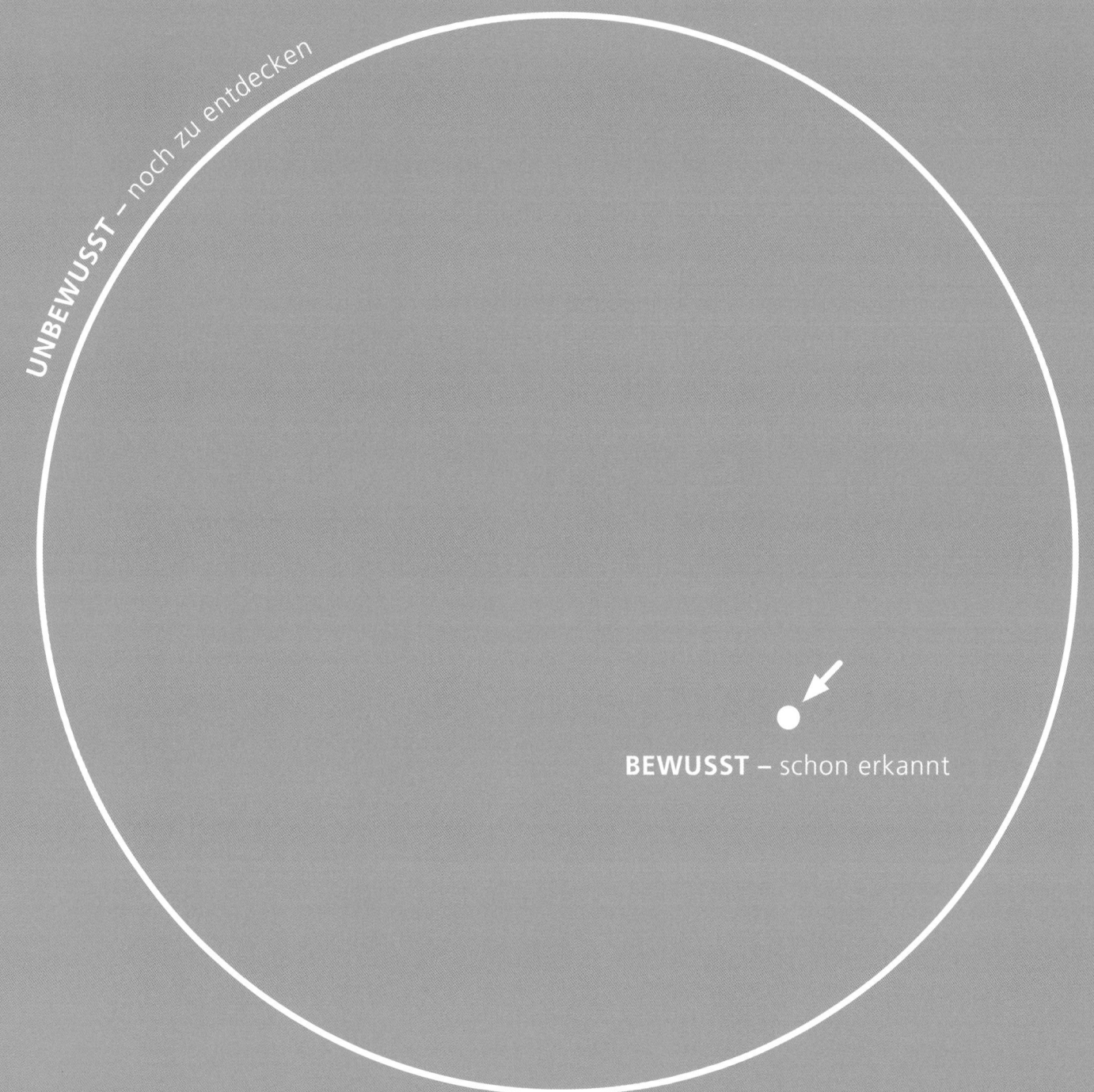

UNBEWUSST – noch zu entdecken

BEWUSST – schon erkannt

MENSCHLICHE
DIMENSIONEN

Das Dimensionsmodell von Burkhard Heim beschreibt aus physikalischer Sicht die Welt. Die menschlichen Dimensionen, die ich beschreibe, stellen Entwicklungsräume und Nährungen dar. Sie haben keine Hierarchie, alle Menschen sind aufgefordert und befähigt, sie zu entdecken und zu leben.

Alle Menschen werden durch sie von der Schöpfung genährt. Wir alle haben die Aufgabe, sie in sich wie Klangfarben zu erkennen und damit unserem Unbewussten in seiner wahren Größe begegnen zu können.

Entwickeln wir uns in allen Dimensionen weiter, so feiert das Leben mit uns. Verraten wir uns und das Leben und entwickeln uns zurück in einzelnen Dimensionen, **so sendet das Leben uns Zeichen in Form von Krankheiten**.

DIMENSIONEN

SIND MENSCHLICH!

Sie sind Räume

+ Nährungen

+ Aufgaben

+ Tore

Liebe
Das Entdecken der Liebe zu uns selbst, zu anderen und anderem, und auch erlauben geliebt zu werden und es anzunehmen.

Erkenntnis
Das innere Wachstum als den essenziellen Sinn des Lebens zu erkennen.

Gerichtetheit
Mit Beharrlichkeit und Fokus Ziele erreichen zu können.

Emotionen
Entwicklung von emotionaler Kompetenz.

Verstand
Messerscharf und wach zu analysieren, Wissen zu erlangen, und es neu und frei zu kombinieren.

Intuition
Die Entdeckung unserer Sinneskräfte.

Veränderung

Erlauben von Bewegung, Wandel und Veränderung und das Verstehen von Erstarrung und Fluss.

Präsenz

Hier und jetzt da sein und dadurch überhaupt dem Leben begegnen zu können.

Systemweisheit

Das Verständnis von Organismen, ihren Elementen, Strukturen und ihren systemischen Interaktionen.

Inspiration

Instrument der Schöpferkraft zu sein und Kreativität zu feiern.

Intimität

Wörtlich: dem Rand am fernsten und damit am weitesten innen sein. Tiefe Begegnungen erlauben.

Ich & Alles

Die Konzentration im Zentrum, im Ich, in der Selbstliebe und gleichzeitig die Füllung des weiten Raumes mit der Präsenz.

Autonomie

Selbstbestimmt und frei über das eigene Leben zu entscheiden.

Evolution

Sich jetzt als Teil des großen Ganzen zu verstehen.

1. Liebe

2. Erkenntnis

3. Gerichtetheit

4. Emotionen

5. Verstand

6. Intuition

7. Veränderung

8. Präsenz

9. Systemweisheit

10. Inspiration

11. Intimität

12. Ich & Alles

13. Autonomie

14. Evolution

43

DREHRICHTUNG IN ALLEN DIMENSIONEN

Jede Wesenheit, jedes Individuum hat einen Grundklang. Auf der Seelenreise
entscheidet sich die Seele nach der Phase der Konzentration für eine Rechts-
oder Linksdrehung als Audruck, in der konkreten Dualität angekommen zu sein.
In der Bibel entspricht die Drehrichtung der Erkenntnis und dem Rausschmiss aus
dem Paradies. Die Entscheidung für das Eine und gegen das **ANDERE** erlaubt das
eigene Erkennen.

Diese gewählte Drehrichtung sollte jedoch nicht nur Theorie oder teilweise
gelebte Realität sein, sondern das ganze Leben als Grundbekenntnis durchdringen.
Als Ausdruck dieser gelebten Radikalität sollte sich die gewählte Drehrichtung in allen
14 Dimensionen wiederfinden, alle 14 in der gleichen Richtung drehen.

Ist das nicht der Fall, ergeben sich Instabilitäten. Eine Reaktivierung der gewählten
Richtung in allen Dimensionen bringt Ruhe und Konzentration ins Leben.

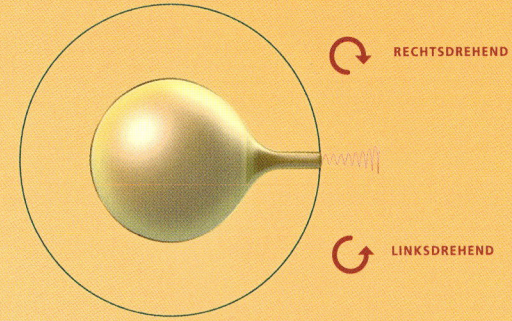

RECHTSDREHEND

LINKSDREHEND

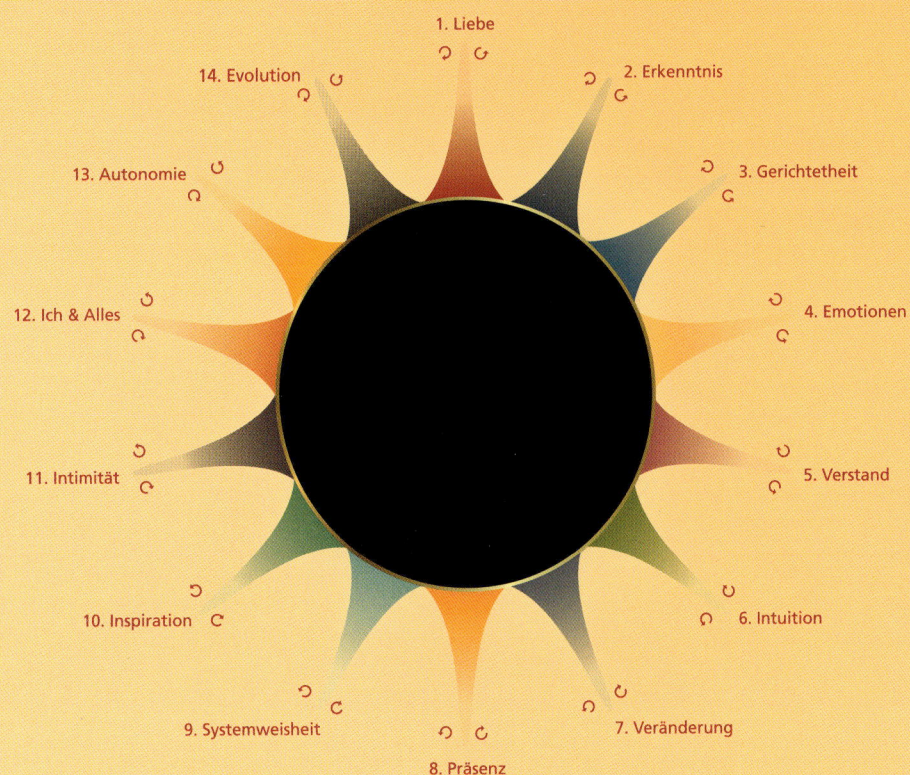

1. Liebe

14. Evolution

2. Erkenntnis

13. Autonomie

3. Gerichtetheit

12. Ich & Alles

4. Emotionen

11. Intimität

5. Verstand

10. Inspiration

6. Intuition

9. Systemweisheit

7. Veränderung

8. Präsenz

ENERGIEFLUSS

Wenn die ganze Seelenreise die Form eines Torus hat, dann findet als Grundlage des Lebens ein permanenter Energiefluss durch diesen Torus statt. Dieser Energiestrom versorgt uns ständig mit allem, was wir benötigen:
Lebensenergie, Sinn, Kreativität.

Und gleichzeitig geht durch das Zentrum unseres Seins der göttliche Energiefluss.

Der Energiestrom, der durch beide Tori in Interaktion fließt, nennt sich
Angebundenheit.

Lebenslinie ➔

47

UNTERBROCHENE
ENERGIEFÄDEN

In der Phase der Konzentration legt die Seele auch den Plan für die Reise fest, das, was sie erfahren und vor allem erkennen möchte. So entstehen Lebensfäden, die den Torus der Seelenreise durchdringen. Wenn dann im realen Leben der Plan verletzt, nicht gelebt wird, zerreißt ein Lebensfaden. Das eine Ende des Lebensfadens wird im realen Leben im Körper zu einer Krankheit. Das **ANDERE** Ende des Fadens finden wir als Irritation an der Stelle in der Konzentration, wo ein Teil des Plans verletzt wurde.

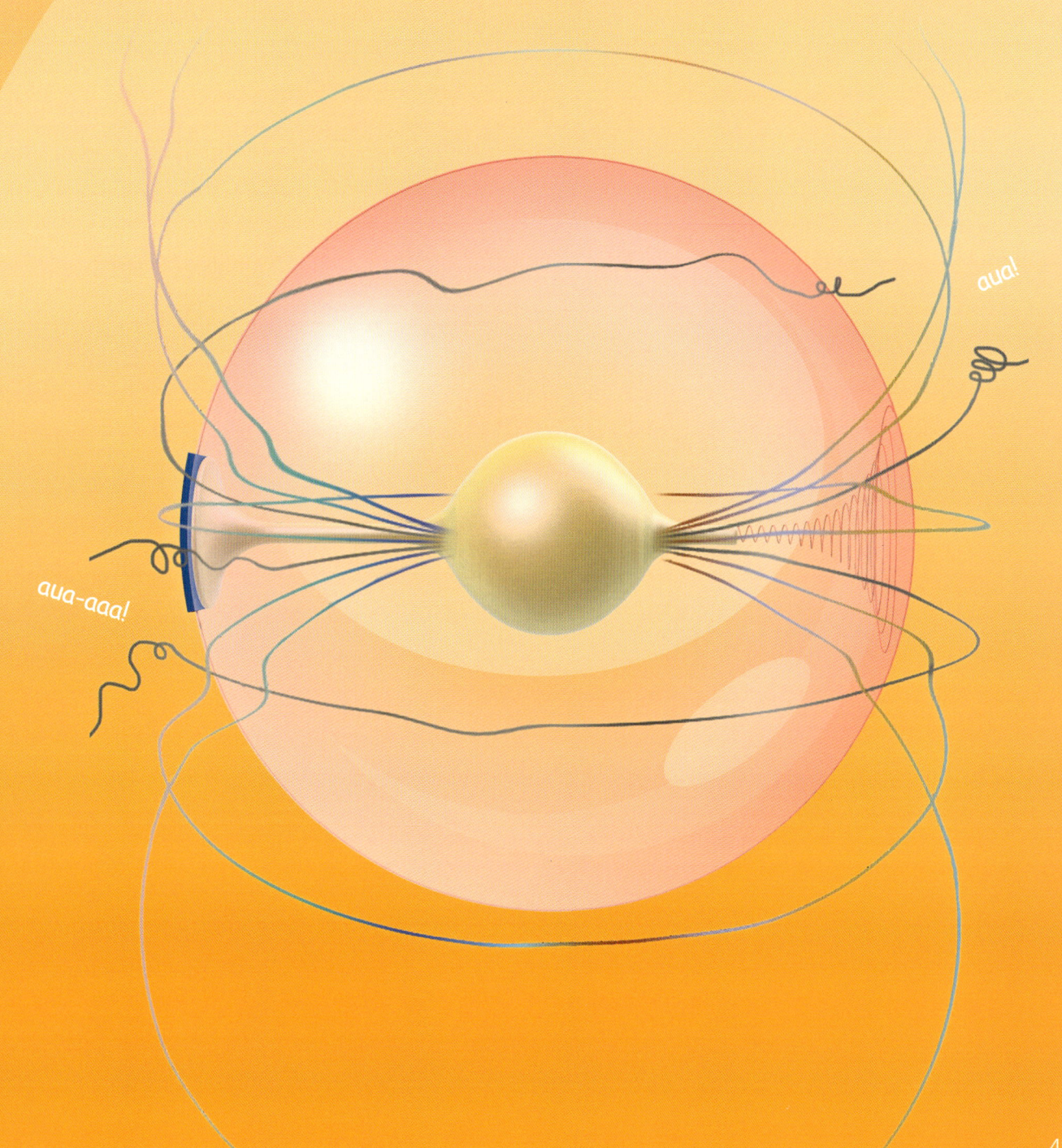

SPIEGEL IM SPIEGEL

Wer wirklich manipulieren möchte, macht das so raffiniert, dass es nicht zu erkennen ist. Tore und Spiegel im Spiegel mit Blaupausen sind dabei eine sehr clevere Lösung.

Mache aus unserer komplexen multidimensionalen Realität eine Scheibe als Abbild. Die Scheibe ist im gesunden Zustand erfüllt von eigenbasiertem Erleben und Aufgaben. Wenn das **ANDERE** wirkt, beginnt sich in dieser Scheibe ein Tor zu bilden, von dem ein Strudel nach unten führt und auf einer unteren Ebene endet. Diese wiederum ist ein Abbild des Innenraums des Tores der Primärebene. Die 2. Ebene wird wieder zu einem Tor und ein Strudel geht auf die 3. Ebene. So entstehen Ebenen für Ebenen als Tor im Tor, Spiegel im Spiegel, wie Michael Ende es beschrieb.

Nun wächst das Tor in der 1. Ebene und am Ende wird die gesamte 1. Ebene zu einem Tor.

▶ **GANZ SELBST SEIN**
    Ist die 1. Ebene noch eigenbasiert, haben wir eine (1) Realität.

▶ **EIN TOR HABEN**
    Ist die 1. Ebene teilweise zum Tor geworden, so hat das **ANDERE** begonnen, uns zu übernehmen und eine Parallelrealität ANDERSbasiert entsteht. Wir haben zwei (2) Realitäten - die bunte eigene und die grauen anderen.

▶ **EIN TOR SEIN**
    Ist die 1. Ebene ganz zum Tor geworden, so hat das **ANDERE** gewonnen und uns komplett übernommen und es gibt für uns nur noch die ANDERSrealität.

Unter dem Spiegel im Spiegel, dem Tor im Tor befindet sich eine Pfütze von reiner Energie, Schöpferkraft, die aus dem Individuum extrahiert wurde, die durch das Individuum aus der Schöpfung abgesaugt wurde.

GANZ SELBST SEIN   EIN TOR HABEN   EIN TOR SEIN

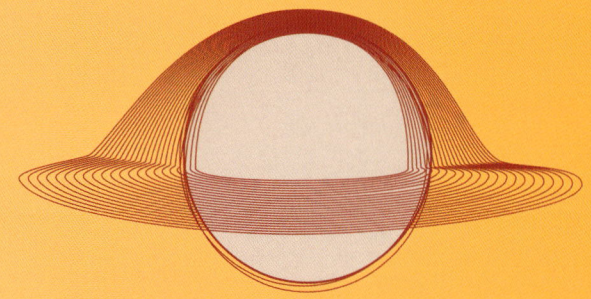

DIMENSIONALE VERZERRUNGEN

Die Folge des **Spiegels im Spiegel** ist, dass wir uns nicht nur in Räumen verlieren, sondern auch unsere dimensionale Ordnung durcheinanderkommt. Die Harmonie der Dimensionen, die Grundlage unseres Lebens ist, wird zerstört. Das optimale Zusammenspiel aller, das die Magie und Schönheit des Lebens erschafft, wird zu einem traurigen Verwirrspiel.

Dimensionale Verzerrungen zerstören die Ordnung des Lebens.

Leben, das ist das perfekte Zusammenspiel aller Dimensionen und Elemente. Werden die Dimensionen verzerrt, ist die Perfektion beendet und das Leben bedroht.

Stelle dir die Raumzeitkrümmung vor, in der die Erde sich befindet, und lasse eine Hand sie greifen und in die Länge ziehen. Wie könnte dann die Erde ihre Bahnen ziehen, wenn der Raum, der sie dazu einlädt, nicht mehr existiert? Wie kann unser Leben seine Bahn ziehen, wenn der Raum, der dies ermöglicht, verzerrt wurde?

Auch auf der Erde gibt es nur eine ganz kleine lebenserlaubende Schicht. Zu nah am Kern wird es zu heiß, zu weit draußen zu kalt. Und auch die Luft zum Atmen ist nur in einer hauchdünnen Schicht Leben nährend. Das perfekte Zusammenspiel aller Dimensionen in ihrer natürlichen Ordnung lässt uns sein. Wenn das **ANDERE** wirkt, bewirkt es dimensionale Verzerrungen. Die eigene Realität ist nicht mehr ganz und gesund, die Harmonie wird gestört.

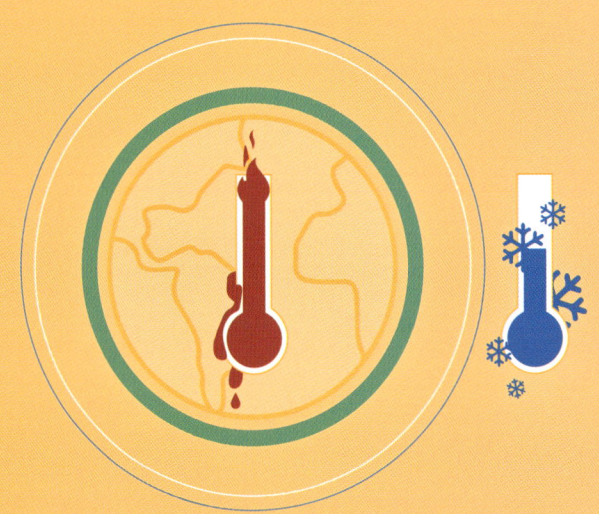

LINEARE
DIMENSIONEN

Ich kennen sie alle, wir haben sie in der Schule ewig gelernt, diese Betrachtung der Welt.

Diese **lineare Welt,** die nach naiven mechanischen physikalischen Gesetzen funktioniert: berechenbar, vorhersehbar, sinnlos und langweilig.

Ja, sie existiert, sie ist eine Art der Oberfläche des Lebens, die unserem naiven Geist erlaubt, sich zurechtzufinden, die Welt zu verstehen und doch ist sie nicht alles.

Es ist beruhigend zu wissen, dass die Zeit sich vorwärts bewegt und die Sekunden ungefähr gleich lang sind. Es ist auch beruhigend zu wissen, dass ich nur an einem Ort sein kann und nicht an verschiedenen gleichzeitig, da gibt es ein Strecke zwischen A und B und diese muss überwunden werden, um von A nach B zu kommen. Doch ist das alles? Lineare Dimensionen sind die sich präsentierende Oberfläche, die uns erlaubt, in der Jugend Prüfungen zu absolvieren, und wenn wir nicht Weise werden und nicht die Linearität infrage stellen, uns auch noch bis zur Vergreisung Halt gibt in diesem haltlosen Universum.

$a^2+b^2=c^2$

NICHTLINEARE
DIMENSIONEN

In unseren Träumen gibt es keine Linearität.
Wir sind frei.

Unsere Kreativität ist ein Ausdruck der **Nichtlinearität**, ohne Disruption wäre sie tot.

Es ist die Welt der Fantasie, in der alles möglich ist, in der es keine Grenzen gibt, in der man sich in die Vergangenheit und in die Zukunft bewegen kann, alle Formen annehmen kann, die man möchte, und aus der unendlichen Schöpferkraft manifestieren kann.

Sie ist haltlos, sie hat keine klaren Gesetze, keine Regeln, kein Exoskelett. Um sich in ihr wohlzufühlen, zu Hause zu sein, benötigst du ein starkes ICH, klare innere Werte, um dann zu fliegen – irgendwo hin, nirgendwo hin, egal wohin. Diese Dimensionen lachen über die Mechanik, Quantenphysik versucht sich ihnen anzunähern, Märchen sind in ihr zu Hause. Einer ihrer Meister war Michael Ende. Er, wie alle großen kreativen Geister. In dieser Dimension liegt die Chance die Welt wirklich zu erkennen.

DIE **BALANCE**

Ein Teil unserer Seele ist in der **Linearität**, dieser dualen Menschenwelt angekommen und zu Hause. Ein anderer Teil unserer Seele bewegt sich frei in der **Nichtlinearität**, in Phantásien.

Wir als Menschen sind im Grunde nur die Brücke zwischen diesen beiden Welten.

Jeder Mensch hat sich entschieden, wie viel er in der einen oder in der anderen Welt sein möchte, was das persönliche Optimum ist. Dieses gibt Stabilität, gibt die Möglichkeit des optimalen Ausdrucks. In der Grafik, die wie eine Schnecke aussieht, kannst du bestimmen, welches Verhältnis du gewählt hast zwischen Linearität und Nichtlinearität.

Nehmen wir mal an, 30 % deines Seins wollen in der Menschenwelt sein und 70 % in Phantásien, und aus irgendeinem Grund versuchst du, mit allen Anteilen in der Menschenwelt zu sein, so setzt du die Anteile Phantásiens der menschlichen Begrenztheit aus, sie könnten nicht verstanden werden. Du wirst als verrückt erklärt werden, man wird dir vielleicht eine Psychodiagnose verpassen. Im geringeren Fall bist du nur hochsensibel und überfordert mit deinen vielfältigen Wahrnehmungen und Eindrücken.

Nehmen wir einmal an, du versuchst mit all deinen Anteilen nur in der Nichtlinearität zu existieren und verweigerst dich der Menschenwelt, so nennt man dieses Autismus, denn dir fehlt die Möglichkeit der Interaktion.

Es ist die Balance, die Ausdruck ist deines gewählten Verhältnisses zwischen Menschenwelt - Linearität und Phantásien – Nichtlinearität und die Voraussetzung dafür, dass du in dir stabil, klar, stark, inspiriert und glücklich bist und lebensfähig in dieser Welt.

Du

linear   nichtlinear

MULTIVERSUM

Stephen Hawkins hat es geahnt, die Astronomie beginnt es zu bestätigen, dass es mehr als ein Universum gibt. Unser Universum ist vielleicht eines von vielen im Multiversum.

Die Frage ist, ob das, was in unserem Universum existiert, in der ein oder anderen Form auch in anderen Universen existiert. Gibt es mich und dich nur hier auf der Erde? Oder gibt es die Erde hier und dort und damit dich und mich auch hier und dort? Und ist die Zahl der Universen im Multiversum überhaupt beschränkt?

Wenn das so ist, wie ist mein **Hier** und mein **Dort** miteinander verbunden und verschränkt? Wie ist dein **Hier** und **Dort** miteinander verbunden und verschränkt? Muss ich das **Dort** mit betrachten, um **Hier** eine Stabilität zu erzeugen, wenn **Dort** und **Hier** miteinander verbunden sind? Also betrachten wir nicht nur das **Hier** in seinen linearen und nichtlinearen Anteilen, sondern auch das **Dort**, das Multiversum, die vielen Möglichkeiten des Ausdrucks und scannen sie als ein großes Feld auf Irritationen, die eventuell im **Hier** wirken. Sollten wir etwas in diesem Feld finden, haben wir damit für uns empirisch bewiesen, dass ist das **Dort** und uns im **Dort** auch gibt und eine Verschränkung zwischen dem **Dort** und dem **Hier** möglich ist.

NATÜRLICHE
IMMUNITÄT

Natürliche Immunität ist auch die natürliche Intelligenz unseres Organismus, sich von Fremdem abzugrenzen, die innere Stabilität aufrecht zu erhalten, zu lernen durch Interaktion, sich weiterzuentwickeln und uns Schutz und Sicherheit zu bieten. Sie bewahrt unsere Individualität und Integrität und ermöglicht uns zu existieren, so als Teil der Natur und in vielen nicht zu trennen von ihr.

Natürliche Immunität ist der Ausdruck unserer Angebundenheit an die Quelle, an die Schöpfung. Ihre Reaktivierung beinhaltet die drei Schritte der Identifikation mit unserem Körper, der mit unserer Seele und der mit der Schöpfung, um dann wieder ein vollkommener Ausdruck der Schöpfung zu sein und zu heilen.

ICH **BIN** ICH

Ich bin Ich ist die Identifikation mit der Fleisch gewordenen Dualität in ihrer schöpferischen Qualität. Mit unserem menschlichen Sein, unserem Körper, unserem Umfeld, unseren Gedanken, unseren Aktivitäten, Taten, Möglichkeiten, alldem, was wir erschaffen.

Es die Annahme der dualen Wirklichkeit, aber auch die Füllung dieses Raumes mit Präsenz.

ICH **BIN**

Ich bin ist die Identifikation mit dem schöpferischen Potenzial unserer Seele, mit den Räumen der Nichtlinearität, mit alldem, wie sich unsere Seele erschaffen und ausdrücken kann. Es ist die Annahme dieser Wirklichkeit und gleichzeitig die Füllung des Raumes mit Präsenz.

SEIN

Dies ist die Identifikation mit der **Schöpfung**, mit der **Quelle**, **Gott**.

Diese Identifikation setzt voraus, dass wir die Schöpfung nicht über ein geordnetes Prinzip verstehen, dem wir uns unterordnen, sondern dass wir uns als Teil der Schöpfung verstehen. Dass wir nicht getrennt sind von ihr, dass wir keinen Stellvertreter Gottes auf Erden brauchen zwischen uns und Gott. Das ist die Annahme der Schöpferkraft in uns und die Erfüllung dieses Raumes mit unserer Präsenz.

DAS **SCHÖPFEN** UND DAS **AUFLÖSEN**

Da das Eine sich beim Erschaffen des Dualen in zwei Aspekte aufteilt, nennen wir sie Licht und Dunkel, entsteht daraus ein Lebensraum für uns, den wir in der ewigen Bewegung zwischen Licht und Dunkel entdecken und erfüllen.

Wir können uns das wie ein Unendlicheitssymbol vorstellen, wobei die eine Seite der Schleife das Schöpfen und die andere Seite das Auflösen ausdrückt. Sind wir in der Bewegung zwischen erschaffen und loslassen. So ist Leben.

Da das **Ich bin Ich** und das **Ich bin** ein Ausdruck des Schöpferischen ist, benötigen wir auch die Identifikation mit dem Auflösenden, das sich durch das **Nichts ist Nichts** und **Nichts ist** ausdrücken lässt.

So führen die Hingabe an die Schöpfung, das Licht, durch **Ich bin Ich** und **Ich bin** zum Sein. Ebenso führt die Hingabe an die Auflösung, das Dunkel, durch **Nichts ist Nichts** und **Nichts ist** zum **Sein**.

**Damit achten wir beide Seiten der Dualität in wertungsfreier Art
und erlangen in der Meditation den Zugang zum Sein.**

Was für eine **Rückverbindung**!

Was für eine **Angebundenheit**!

Was für eine **Stabilität**!

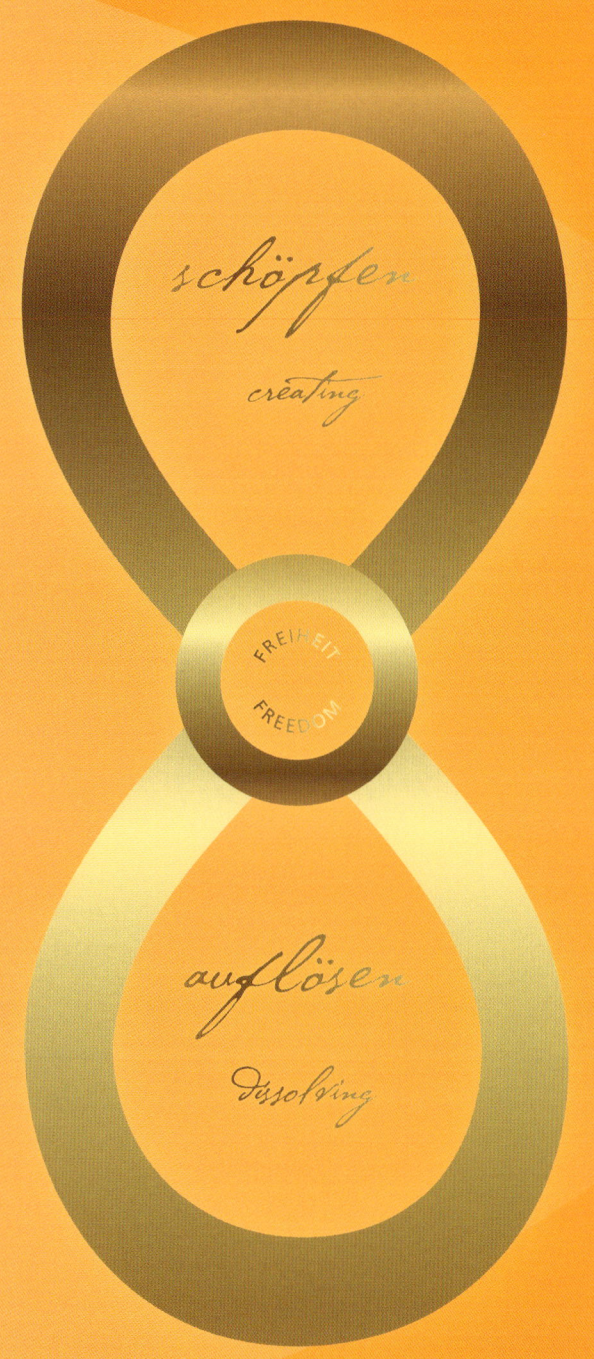

NICHTS IST NICHTS

„Nichts ist" ist Nichts ist die Identifikation mit der Fleisch gewordenen
Dualität in ihrer auslösenden Qualität. Mit unserem menschlichen Sein,
unserem Körper, unserem Umfeld, unseren Gedanken, unseren Aktivitäten,
Taten, Möglichkeiten, alldem was wir zerstören, loslassen, wandeln.

Es die Annahme der dualen Wirklichkeit,
aber auch die Füllung dieses Raumes mit Präsenz.

NICHTS IST

Nichts ist ist die Identifikation mit dem auflösenden Potenzial unserer Seele, mit den Räumen der Nichtlinearität, mit alldem, wie sich unsere Seele erschaffen und ausdrücken kann. Es ist die Annahme dieser Wirklichkeit und gleichzeitig die Füllung des Raumes mit Präsenz.

SEIN

Dies ist die Identifikation mit der
Schöpfung, mit der **Quelle**, **Gott**.

HÄNDE ALS FEINFÜHLIGE SENSOREN
UND TORE FÜR HEILMITTEL ZUGLEICH

Deine Hände können wahrnehmen. Sie können intuitiv auf einer Skala eine Antwort finden. Sie können sich auch durch virtuelle Räume bewegen und Disharmonien wahrnehmen als Widerstände im Feld.

Deine Hände können aber auch ein Tor sein, durch das sich positive, klärende, harmonisierende, heilende Energien zeigen können. Wenn dich jemand, der dich liebt, berührt, kannst du die Energie doch auch spüren.

So können die Finger und Hände in einer einzigen Bewegung zuerst eine Irritation wahrnehmen und sie dann auflösen. Dabei findet eine Art der Entladung statt, die du als kleine Energiewelle oder Stromstoß wahrnehmen kannst.
Schlimmer am Weidezaun lecken wird es nicht.

III.
DIE WIEDERBELEBUNG DES LEBENDIGEN

Alles ist gut.

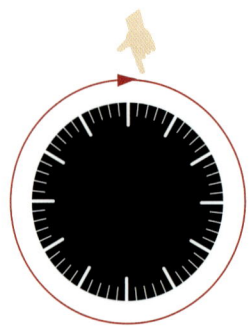 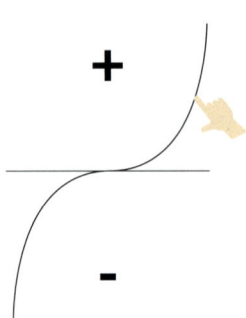

Das Andere ist vorhanden.

 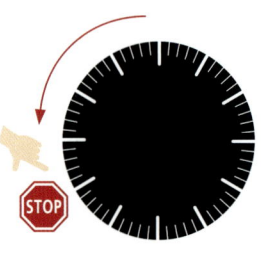 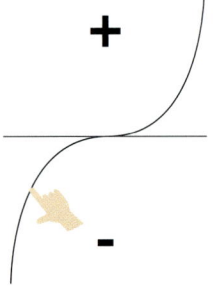

Du bist zum Anderen geworden.

 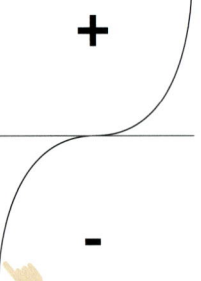

SCHRITT 1
CHECK

Lies beide Grafiken aus, ob **ANDERES** vorhanden ist.

SCHRITT 2

AKTIVIERUNG DER SEELENREISEN

1. **Aktivierung des Göttlichen Torus**

Liebende Hände legen sich an die Leere, wie beim Kopfsprung.

In mehrfachen Bewegungen zur Seite erinnern und entfachen sie das Lebensfeuer des göttlichen Torus wieder.

2. **Aktivierung des Seelenkerns (Belebung)**

In mehrfachen Bewegungen zur Seite erinnern und entfachen sie den Seelenkern wieder.

3. **Aktivierung aller möglichen Konzentrationen alle möglichen Seelenreisen**

In einer Bewegung zur Seite erinnern und entfachen sie den Seelenkern wieder.

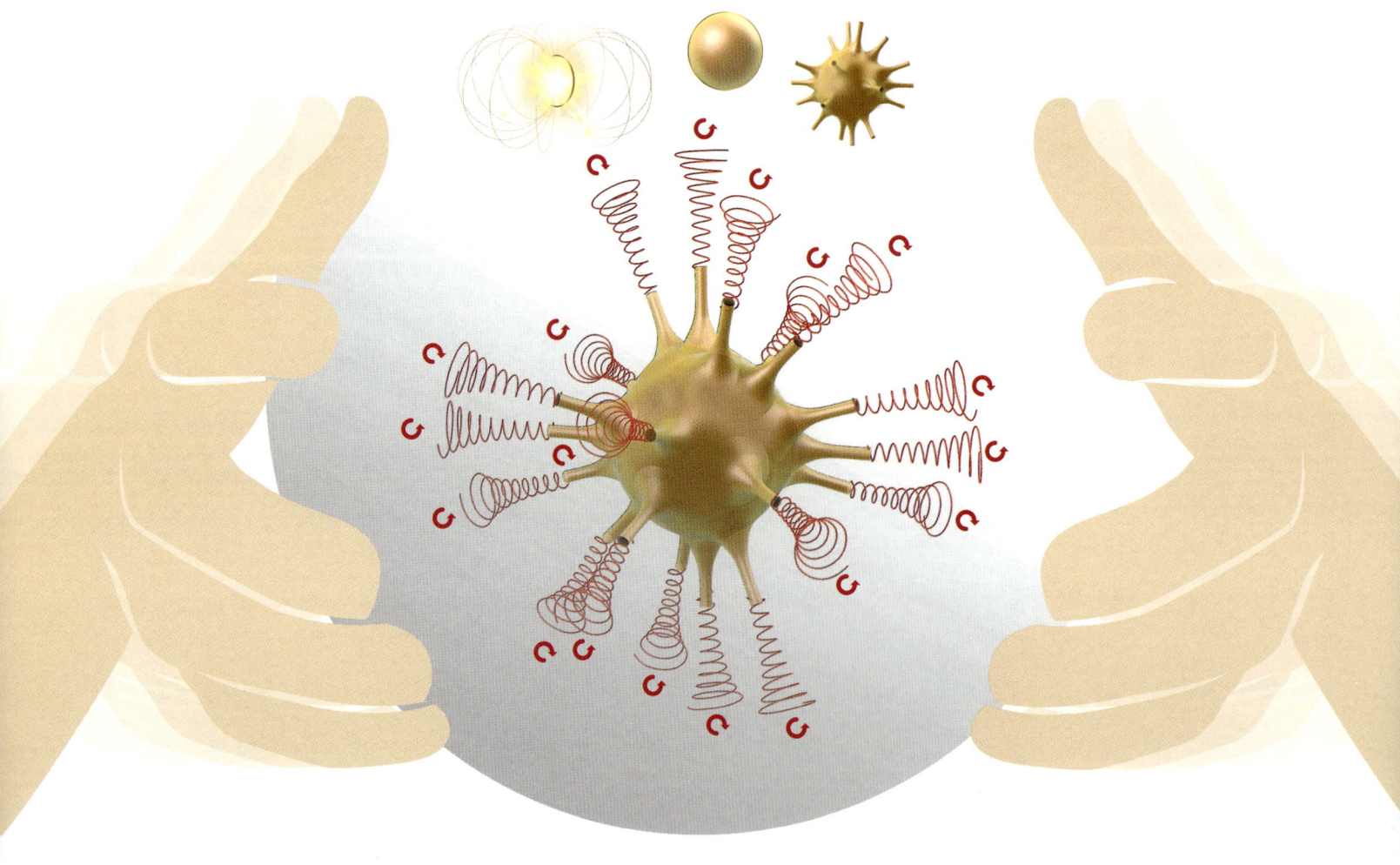

4. **Aktivierung aller möglichen Drehrichtungen aller möglichen Seelenreisen**

In einer Bewegung zur Seite erinnern und entfachen sie die Drehrichtung wieder.

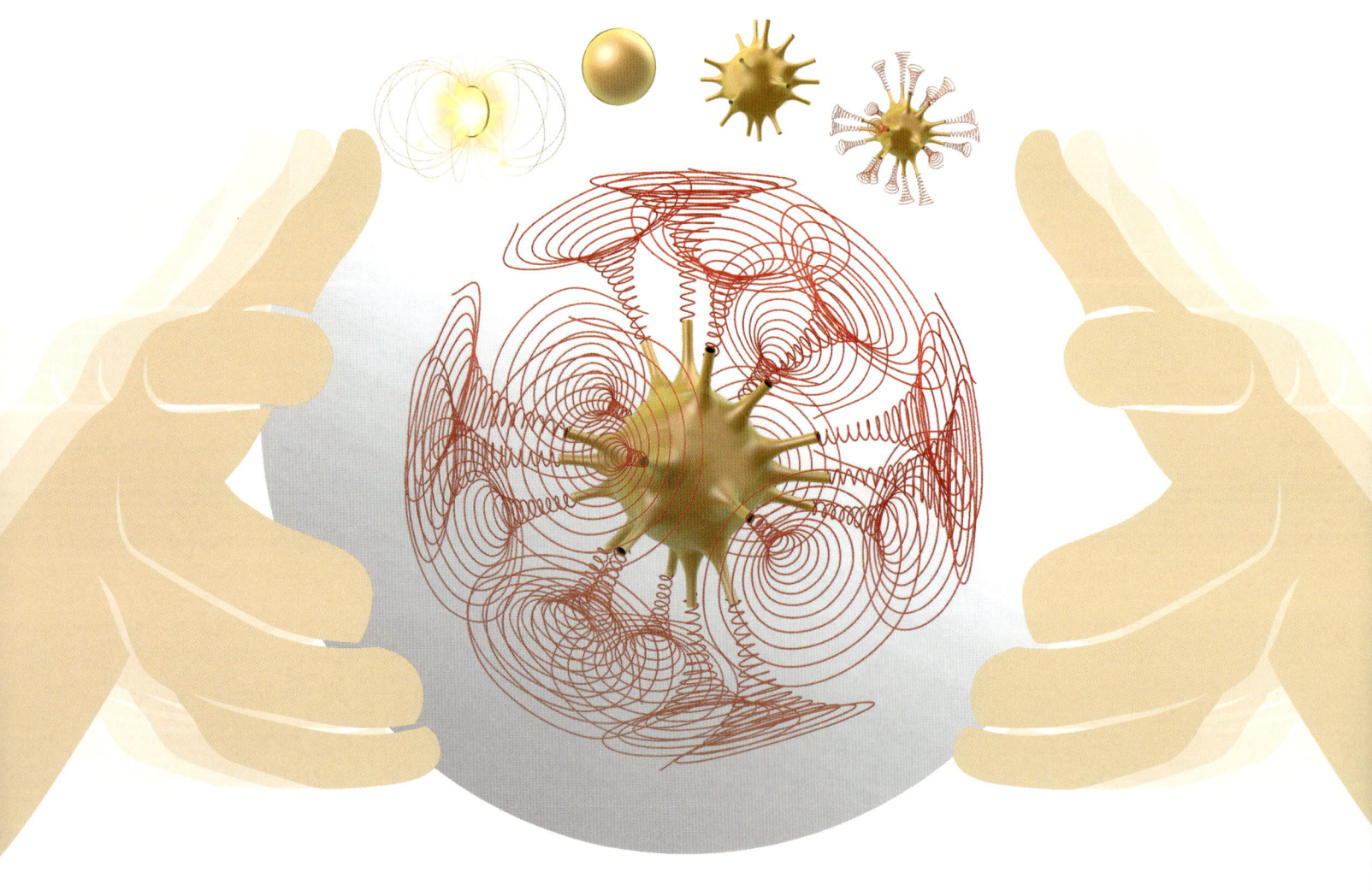

5. **Aktivierung aller möglichen Weitungen aller möglichen Seelenreisen**

In einer Bewegung zur Seite erinnern und entfachen sie die Weitung wieder.

6. **Aktivierung aller möglichen Lebensräume mit ihren physischen Ausdrücken aller möglichen Seelenreisen**

In einer Bewegung zur Seite erinnern und entfachen sie den Lebensraum und den physischen Ausdruck wieder.

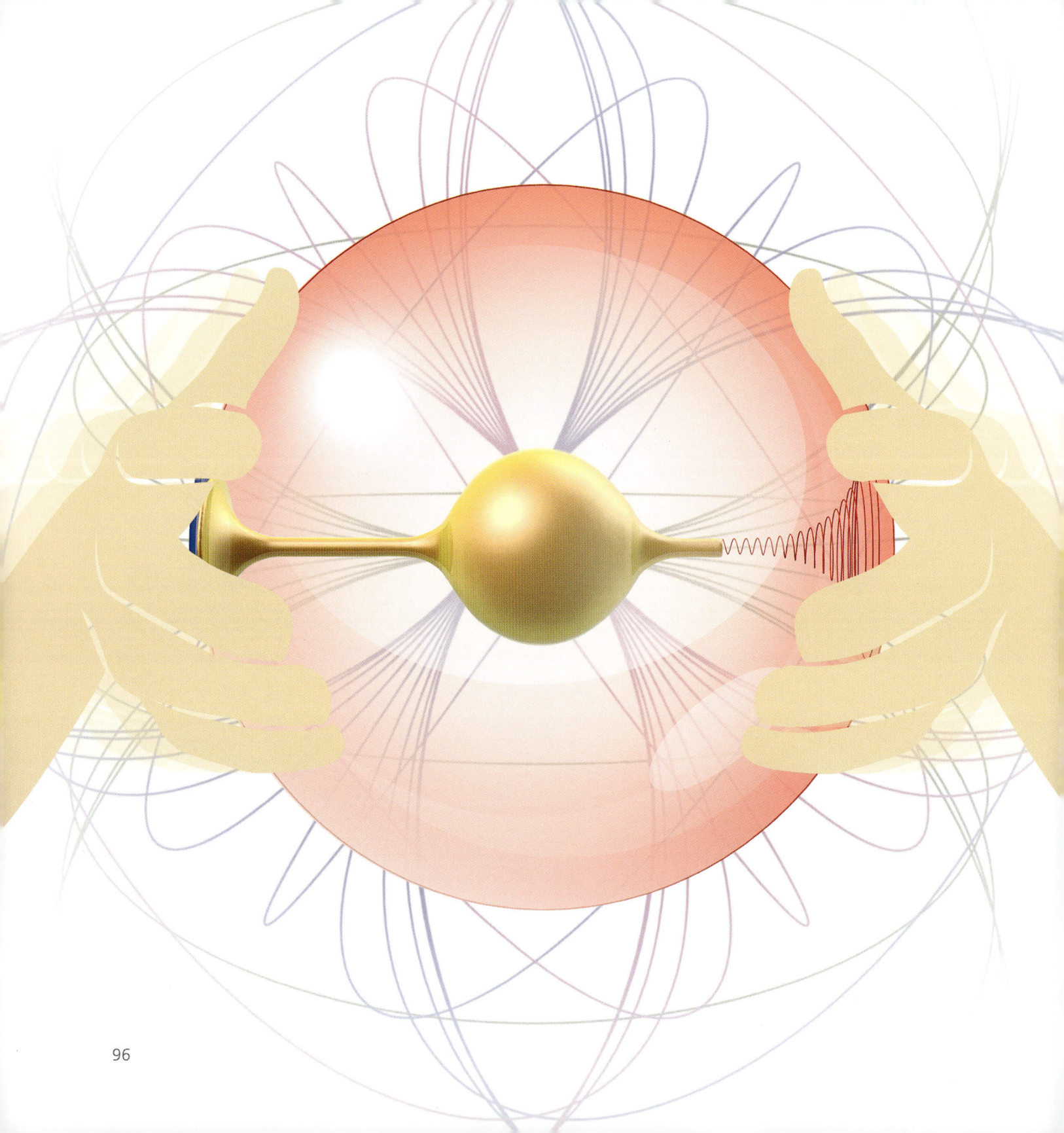

7. **Aktivierung aller möglichen Bewusstseinsräume aller möglichen Seelenreisen**

In einer Bewegung zur Seite erinnern und entfachen sie die Bewusstseinsräume wieder.

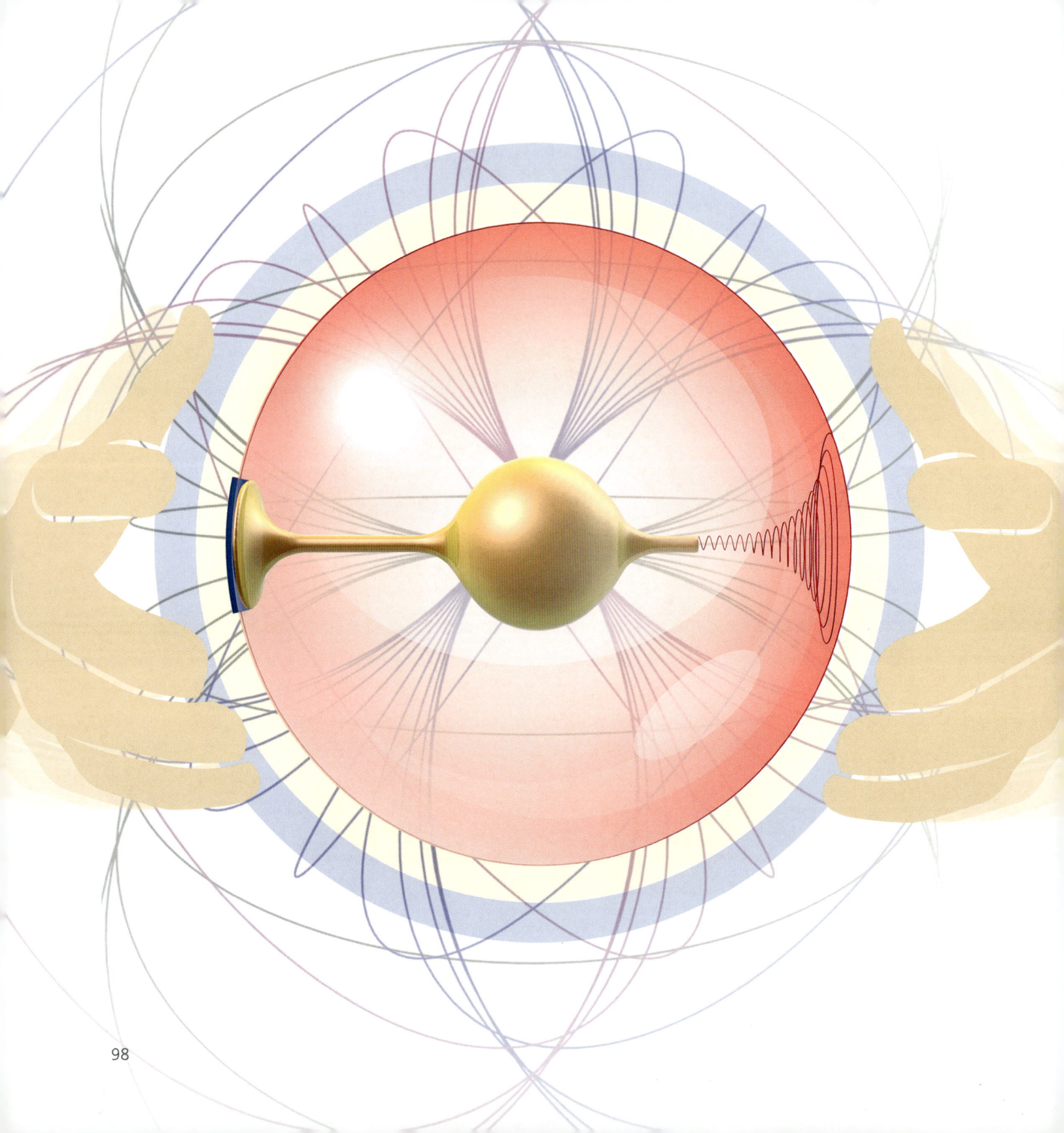

8. bei Systemen

Bei Systemen kann noch Step 7 und 8 nötig sein, da diese eine komplexere Architektur ihres Feldes haben. Raum 7 ist die Verantwortung, die Systeme haben. Raum 8 ist das Miteinander aller Beteiligten der Systeme.

Nun hält eine Hand den erschaffenen Raum wie eine Seifenblase, während die andere Hand in der Seifenblase arbeiten kann und sich dabei auf diese aktuelle Seelenreise konzentriert.

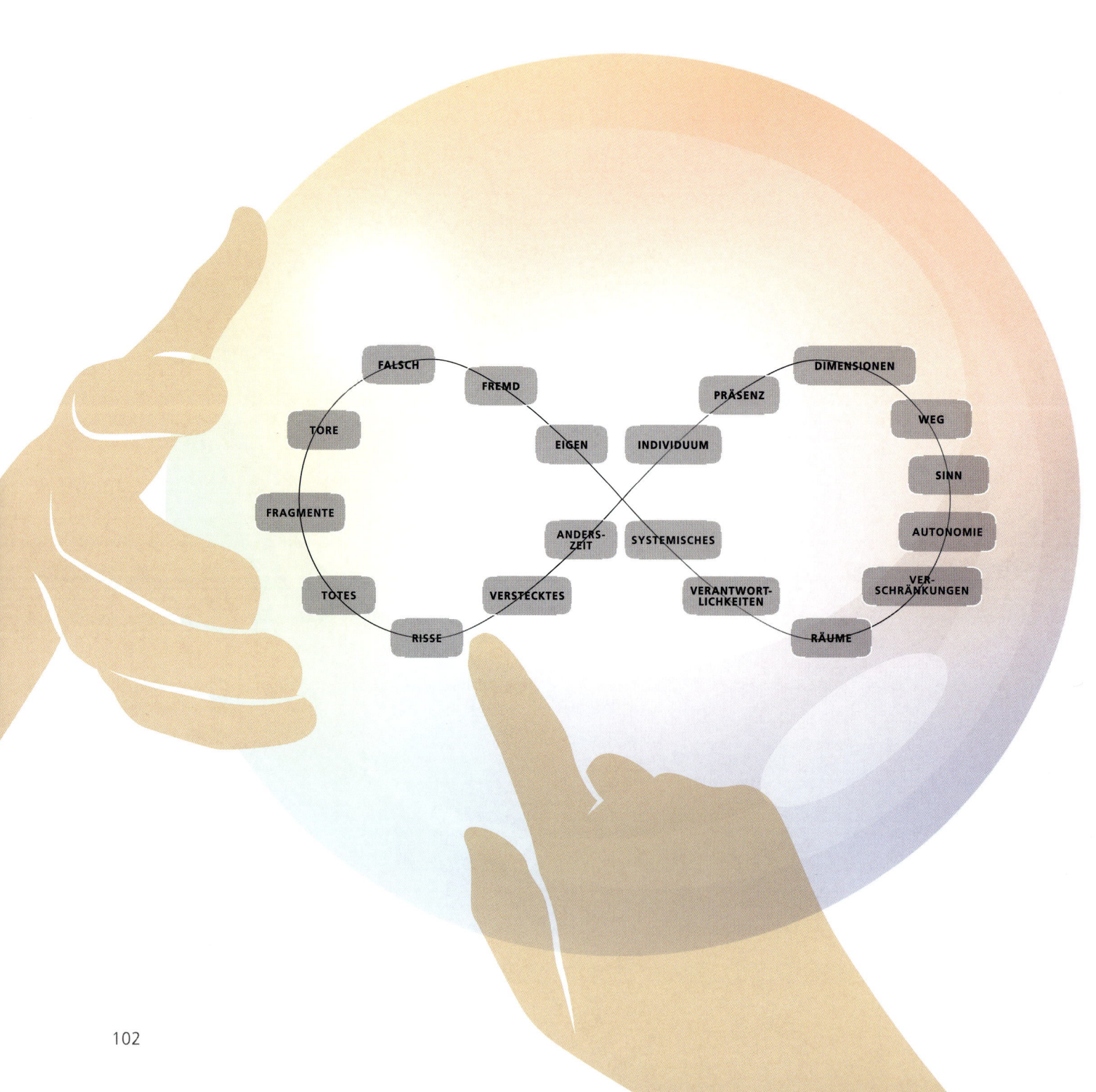

SCHRITT 3
SCANNEN UND KLÄREN VON OUSIA

Die **1. Ebene** von Ousia mit einer Bewegung von zwei Fingern auf der liegenden Acht auf Irritationen scannen und klären.

Die **2. Ebene** von Ousia mit einer Bewegung der ganzen offenen Hand auf der liegenden Acht auf Irritationen scannen und klären.

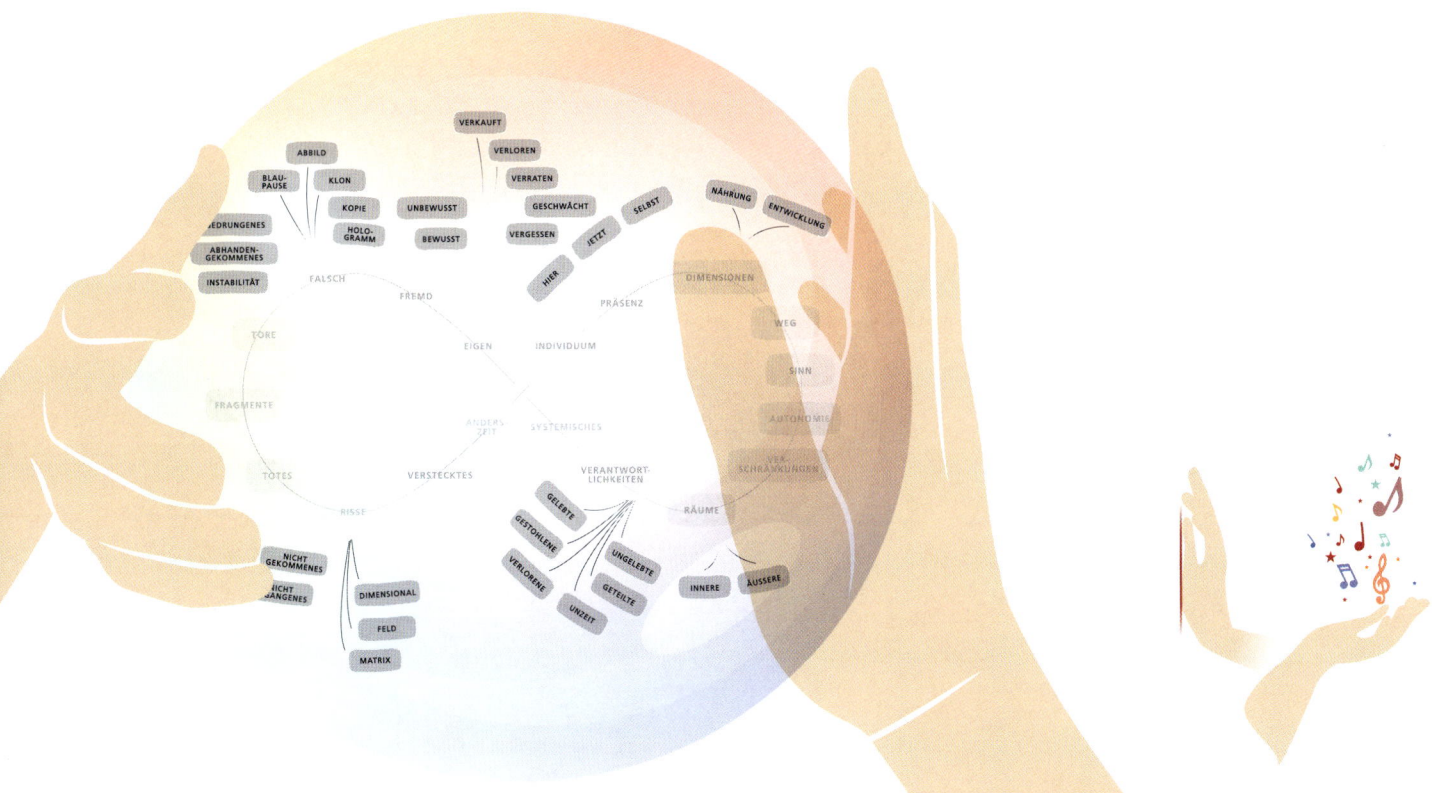

SCHRITT 4
SCANNEN UND KLÄREN DER DIMENSIONEN ALS RÄUME, NÄHRUNG UND ANNAHME

Begegnung 1

Die Hand bewegt sich vom Zentrum, dem Individuum, durch die Dimensionen, die sich wie Zwiebelschalen angeordnet darum befinden, hindurch, um die Schöpfung jenseits der Dimensionen zu berühren. Die dabei wahrgenommenen Irritationen jeglicher Arten werden in der Berührung wahrgenommen und aufgelöst.

Begegnung 2

Nun bewegt sich die Hand von der Schöpfung kommend zum Individuum als
Ausdruck der Nährung des Individuums durch die Dimensionen.
Auch dabei werden in der Berührung wahrgenommene Irritationen aufgelöst.

Begegnung 3

Vom Individuum ausgehend bewegt sich die Hand wieder zur Schöpfung nach
außen und checkt und klärt dabei die Fähigkeit des Individuums, die Geschenke der
Schöpfung anzunehmen und sich würdig dafür zu fühlen.

SCHRITT 5
REAKTIVIERUNG DER DREHRICHTUNG

Die Hand wird zum göttlichen Torus und vollzieht die Belebung der Seele nach. Nun kann die Hand sich durch die Konzentration bewegen und wird dann feststellen, für welche Drehrichtung die Seele sich entschieden hat zu drehen. Diese Drehung wird vergrößert wie eine Spirale und durch die Dimensionen hindurchbewegt, um die Drehrichtung wieder zu aktivieren. Auch hier werden wahrgenommene Irritationen gleich aufgelöst.

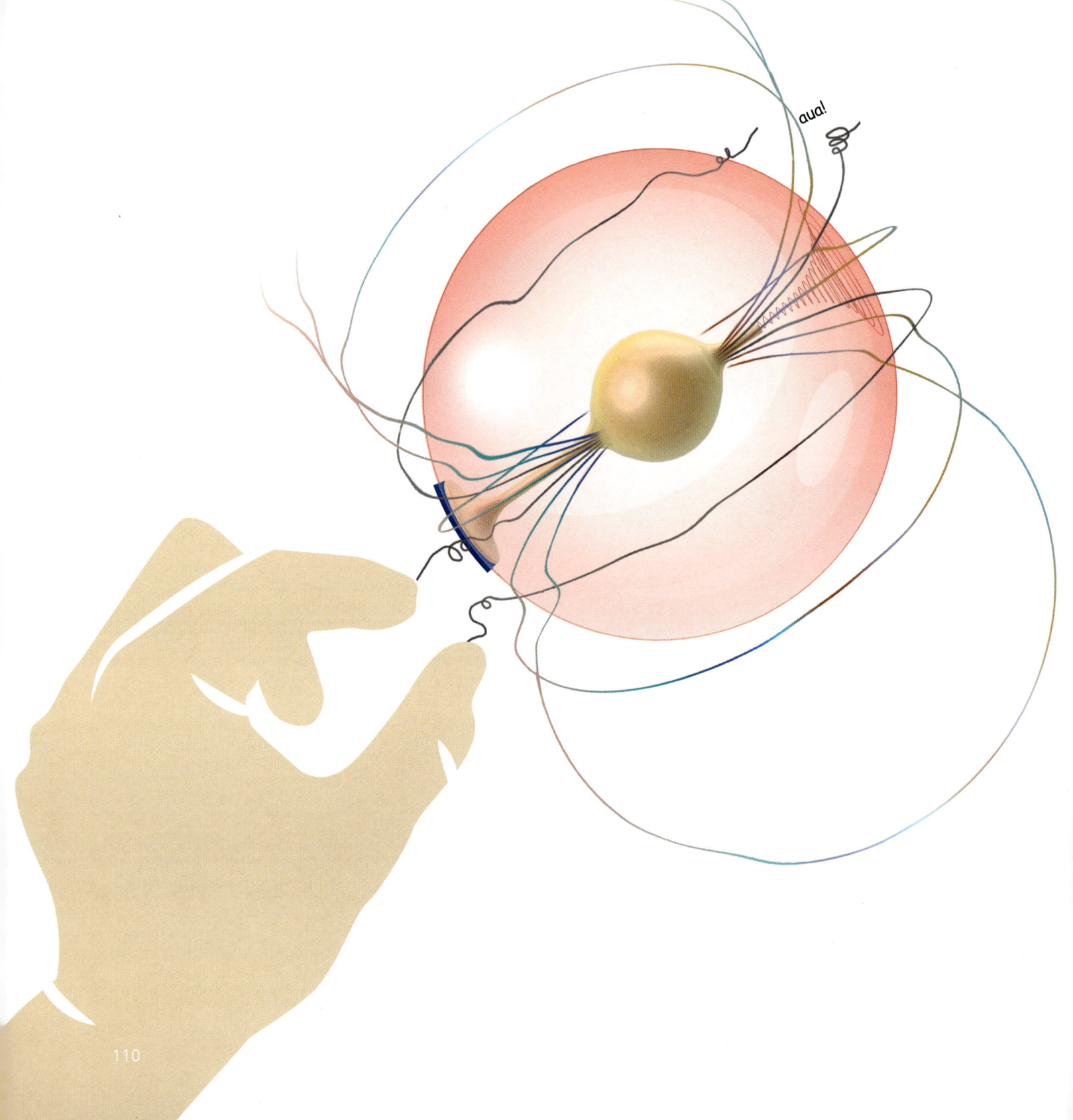

SCHRITT 6
LEBENSFÄDEN HEILEN

Die Hand bewegt sich vom Zentrum kommend durch die Konzentration und sucht nach Resten zerrissener Lebensfäden. Findet sich welche, verbindet sie diese mit deren Gegenstück, das sich in der Lebenslinie, der körperlichen Existenz befindet. Es kann sich wie ein Lichtbogen anfühlen.

SCHRITT 7
DIMENSIONALE ORDNUNG WIEDER HERSTELLEN

Von Zentrum ausgehend bewegt sich die Hand in die Gegenrichtung und checkt den Rückstrom der Energie von der Lebenslinie zum Zentrum. Dort finden sich die dimensionalen Verzerrungen, die Spiegel im Spiegel Systeme.

Du kannst sie dir wie einen ausgezogenen Teleskopstab vorstellen, den die Hand wieder zusammenschiebt. Mit einer einzigen Bewegung werden somit alle möglichen Spiegel im Spiegel aufgelöst und damit Stabilität wieder hergestellt.

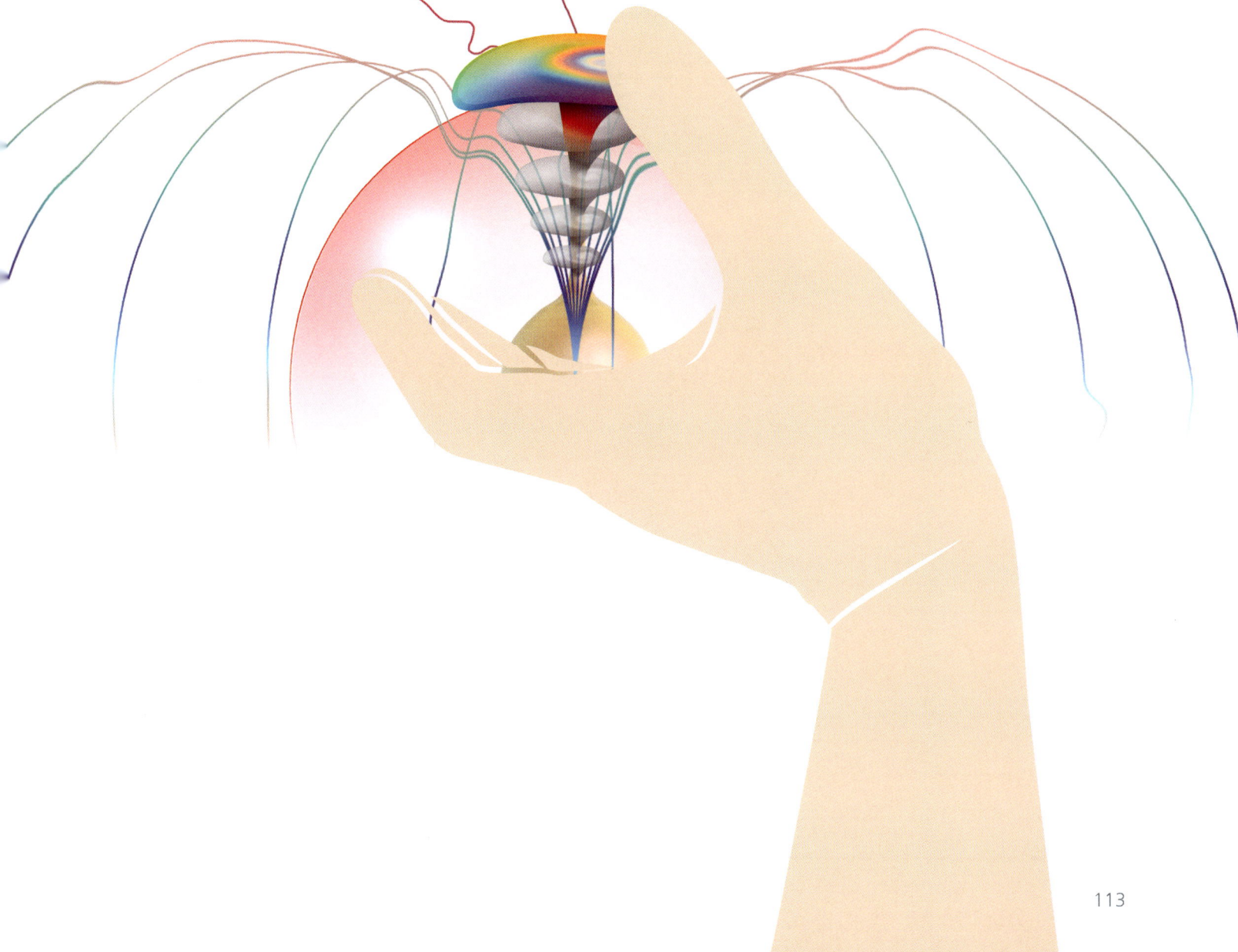

SCHRITT 8
SCANNEN UND WIEDERHERSTELLUNG
DES ENERGIEFLUSSES

Deine Hand nimmt vom Zentrum ausgehend den Energiefluss durch den Torus der Seelenreise wahr. Dieser Energiestrom ist fast immer unterbrochen und meistens am Rückfluss von der Lebenslinie zum Zentrum. Der Energiestrom kann jedoch auch komplett weg sein. Nimmt die Hand eine Unterbrechung des Energieflusses wahr, so legt sich die Hand darunter, so dass das fehlende Stück auf der Handfläche liegt. Damit hat die Hand ein Tor geschaffen, durch das das Fehlende an Energie wieder zurückgeholt werden kann. Dazu bittet sie die Schöpferkraft aus dem göttlichen Torus, durch das Tor dorthin zu gehen, wo sich die verlorene Energie befindet und diese zurückzuholen. Ist dies geschehen, was nicht länger als 2-5 Sekunden dauert, kann die Hand den Energiefluss im Torus wahrnehmen, der nun vom Zentrum in beide Richtungen offen sein sollte.

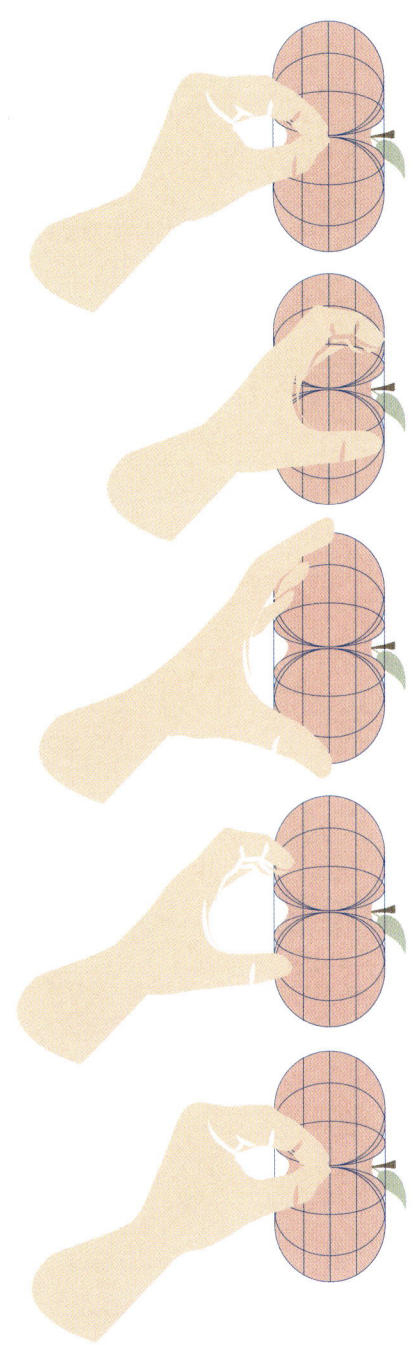

SCHRITT 9
DIE RECHTE BALANCE ZWISCHEN LINEARER UND NICHTLINEARER WELT

Die Lebenslinie ist der Ausdruck des körperlichen Zustandes der Seele. Wenn wir den Körper beleben, wird nicht nur Zeit linear, sondern auch alle anderen Dimensionen.

Im Fleische sein ist eine maximale Verdichtung, Reduktion des Möglichen und damit die Grundlage für ein intensives Erkennen. Schmecken, Fühlen, Weinen, Lachen .. all das benötigt die Reduktion, den dimensionalen Minimalismus, den Anfang und das Ende. Der Rest der Seelenreise ist nicht an diese Reduktion und Konzentration gebunden. In ihm sind die Dimensionen nicht begrenzt und verhalten sich nichtlinear. Das ist auch die Welt, die wir in Träumen besuchen. Jeder Mensch hat die Möglichkeit, in der linearen und nichtlinearen Welt zu Hause zu sein. Manche entscheiden sich zu 100% für die lineare Welt, andere sind da nicht so radikal und belassen einen Teil von sich in der nichtlinearen Realität. Mutige lassen nur einen kleinen Teil ihres Selbst in der linearen Menschenwelt auftauchen.

Alles ist gut.

Nur muss jeder Anteil da bleiben, wo er zu Hause ist, atmen kann und verstanden wird. Setzt ein Mensch auch seine nichtlinearen Anteile komplett der Linearität aus, so wird die Gesellschaft ihn als psychisch krank ansehen, denn sie versteht Nichtlinearität nicht. Kommt nur ein Teil nichtlinearer Anteile in die Linearität, so entsteht eine große Verletzbarkeit gekoppelt mit Hochsensibilität. Menschliche Gefühle wie Hass, Neid, Gier tun den nichtlinearen Anteilen weh. Bewegt jedoch ein Mensch all seine linearen Anteile in die Nichtlinearität, so nennt man das

Autismus. Ein Entsagen der menschlichen Welt. Man kann auch sagen: werden wir in der Menschenwelt verletzt, so ziehen wir uns in die nichtlineare Welt Phantásiens zurück. Wird unser Phantásien verletzt, so ziehen wir uns in die lineare Menschenwelt zurück. Beides sind Schutzreaktionen. Wichtig ist es, die richtige Balance zu finden, die unserem Naturell entspricht und das Lineare in seiner Welt zu lassen und das Nichtlineare in seiner. Es ist wie mit Fisch und Vogel: der Vogel gehört in die Luft, der Fisch ins Wasser. Du kannst an der Grafik erkennen, was deine Natur ist, wie deine Anteile zwischen Linearität und Nichtlinearität verteilt sind und was du aktuell lebst. Und dann kannst du eine Entscheidung treffen und das Optimum einstellen. Und dann kannst du eine Entscheidung treffen und das Optimum einstellen. Dafür helfen dir die Schritte 11 und 12, nach deren Klärung sich die rechte Balance oft von selbst einstellt.

AKTUELL

GESUND

SCHRITT 10
KLÄRUNG NICHTLINEARITÄT

Die bisherigen Schritte haben bereits unseren linearen Raum des Menschseins geklärt. Nun stellen wir uns den Raum unserer Seele vor und der Ausdrücke ihrer selbst, die nicht im Menschsein angekommen sind. Dies ist eine Art Klangraum und er sollte ausschließlich mit dem Klang unserer Seele erfüllt sein und durch unsere Seele die Göttlichkeit klingen lassend.

Du kannst diesen Raum betrachten, du kannst in diesen Raum hineinhören, du kannst diesen Raum mit deiner Hand scannen, egal wie du ihn wahrnimmst, findest du eine Disharmonie, etwas Fremdes, etwas Irritierendes, etwas Fehlendes, so wende die folgende Technik an:

Stelle dir den Raum deiner Seele vor und triff die Entscheidung, ausschließlich deine Seele in diesem Raum klingen zu lassen und nichts und niemand anderen. Und deine Seele ist nur das Instrument, auf dem die Göttlichkeit spielt.

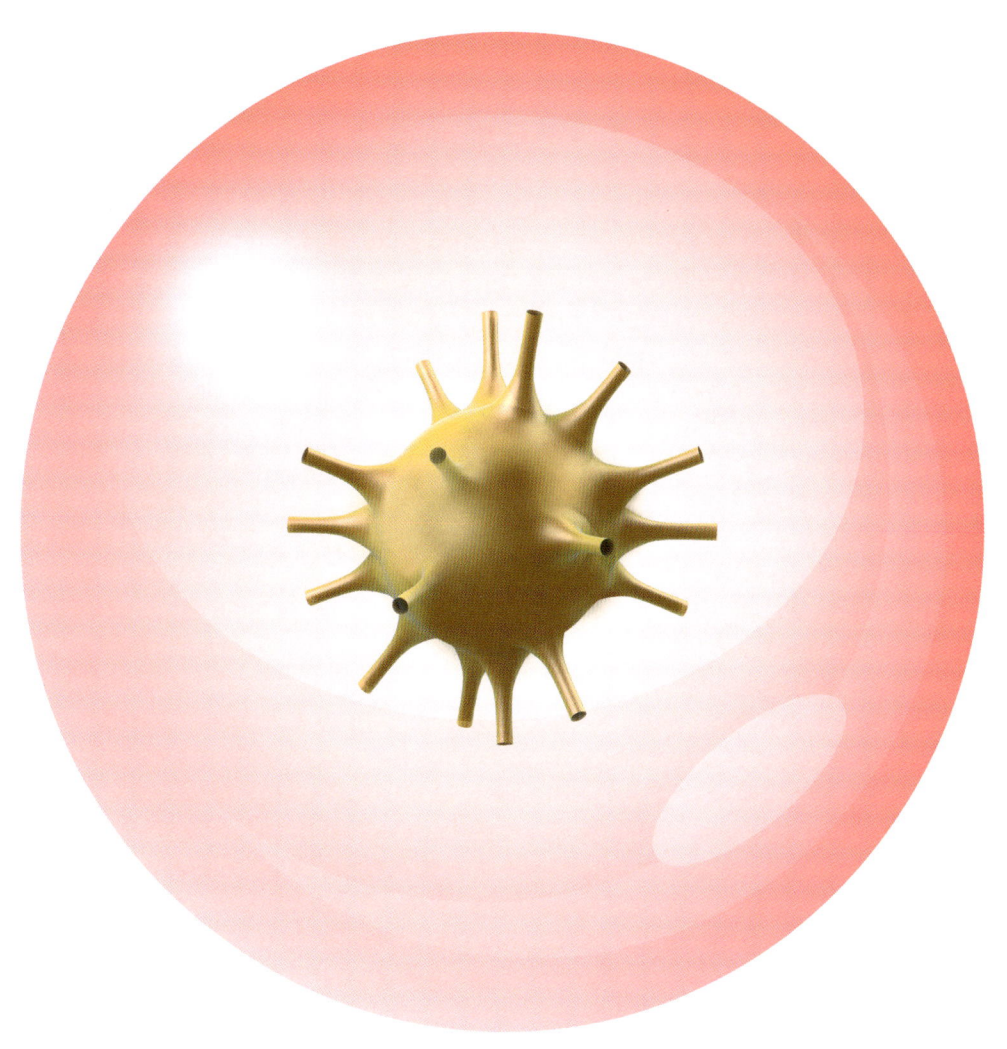

SCHRITT 11
KLÄRUNG MULTIVERSUM

Ob das Multiversum mit vielen Paralleluniversen wirklich existiert, wissen wir nicht. Wenn du es visualisierst und auf Irritationen absuchst mit deinen Händen, mit deinen Sinnen, mit deinem Herzen, und wenn du Irritationen findest: dann existiert es. Und dann wirken diese Irritationen durch Verschränkung auch auf dich und deine Seele in dieser Welt, in diesem Körper, in diesem Universum. Entscheide dich auch hier, dass nur dein reiner Klang dich und deine Seele in diesem und allen weiteren möglichen Universen erfüllt.

**Glück und Freiheit sind immer
nur eine einzige Entscheidung
entfernt von dir.**

SCHRITT 12
ICH BIN ICH

Das ist die Identifikation mit **dem schöpferischen Prinzip** deines physischen Körpers, deiner linearen Welt, deines Lebensweges, deines Sinns, deines Menschseins. Lasse die Worte **ICH BIN ICH** in dir klingen und deine Lebensräume erfüllen.

NICHTS IST NICHTS

Das ist die Identifikation mit **dem auflösenden Prinzip** deines physischen Körpers,
deiner linearen Welt, deines Lebensweges, deines Sinns, deines Menschseins.
Lasse die Worte NICHTS IST NICHTS in dir klingen und deine Lebensräume erfüllen.

ICH BIN

Das ist die Identifikation mit dem Schöpferischen im Konjunktiv deiner Seelenreise, mit deinen nichtlinearen Anteilen, deinem Phantásien. Lasse die Worte **ICH BIN** in dir klingen und deine Lebensräume erfüllen.

NICHTS IST

Das ist die Identifikation mit dem Auflösenden im Konjunktiv deiner Seelenreise, mit deinen nichtlinearen Anteilen, deinem Phantásien. Lasse die Worte **NICHTS IST** in dir klingen und deine Lebensräume erfüllen.

SEIN

Das ist die Identifikation mit der Schöpferkraft, mit Gott, und du selbst bist Ausdruck dessen und es existiert nicht mehr außerhalb von dir. „Grüß Gott!" kannst du von nun an mit „Ich dich auch!" beantworten.

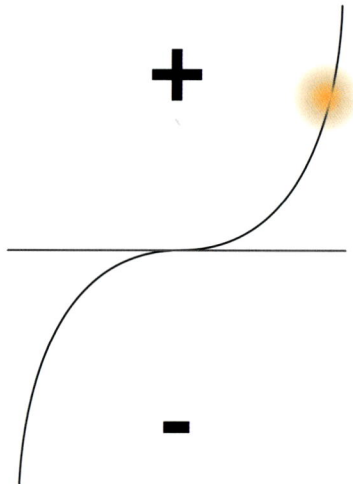

SCHRITT 13
CHECK

Nun kommt die finale Kontrolle, ob du deine Arbeit gut getan hast.

Du checkst den schwarzen Kreis mit dem Finger und er sollte sich von 12 Uhr gegen den Uhrzeigersinn nicht mehr bewegen können.

Bei der Doppelkurve sollte der Fingerabdruck oder die Fingerabdrücke unterhalb der Mittellinie verschwunden sein und der Fingerabdruck der Energidichte über der Mittellinie deutlich im Plus liegen.

Das ist der
Untergang
des ANDEREN.

Das ist der Neubeginn von Phantásien

- würde Michael Ende denken.

Das alles kann nur in dir selbst stattfinden. Auch du bist Bastian Balthazar Bux - würde Michael Ende denken. Und wenn du es lebst, bist du eine Inspiration für andere Menschen.

Das, wofür du verantwortlich bist, und das auch vom ANDEREN befallen sein kann, wie dein Lebensweg, deine Verantwortlichkeiten, deine Wohnung, dein Haus, deine Familie, deine Firma …

kannst du, darfst du, musst du auch vom ANDEREN befreien.

Was du erkannt hast, dafür bist du verantwortlich geworden.
Je mehr Energie wir dem ANDEREN entziehen, desto eher endet seine Zeit.